贝塔数据

著

CLIENT POOL

客户池

金融机构数字化营销方法与实践

经济管理出版社

ECONOMY & MANAGEMENT PUBLISHING HOUSE

图书在版编目（CIP）数据

客户池：金融机构数字化营销方法与实践/贝塔数据著．—北京：经济管理出版社，2021. 10
（2024.4 重印）

ISBN 978 – 7 – 5096 – 7562 – 5

Ⅰ.①客… Ⅱ.①贝… Ⅲ.①金融产品—市场营销学 Ⅳ.①F830.9

中国版本图书馆 CIP 数据核字（2021）第 196671 号

责任编辑：何 蒂 詹 静
责任印制：黄章平
责任校对：董杉珊

出版发行：经济管理出版社
　　　　　（北京市海淀区北蜂窝 8 号中雅大厦 A 座 11 层　100038）
网　　　址：www. E – mp. com. cn
电　　　话：（010）51915602
印　　　刷：唐山玺诚印务有限公司
经　　　销：新华书店
开　　　本：720mm×1000mm/16
印　　　张：11. 75
字　　　数：185 千字
版　　　次：2021 年 10 月第 1 版　　2024 年 4 月第 3 次印刷
书　　　号：ISBN 978 – 7 – 5096 – 7562 – 5
定　　　价：68. 00 元

2020～2021 年是剧烈变化的两年，由于新冠病毒肺炎疫情，导致大量的旧有关系和方式在很短时间内突然被打断或改变。金融机构的数字化经营瞬间从网金、科技人员口中的专有名词，成为每个金融从业人员的普遍共识。

1996 年，美国学者尼葛洛庞帝出版《数字化生存》一书，提出数字化生存（Being Digital）这一概念。按照他的解释，人类生存于一个虚拟的、数字化的生存活动空间，在这个空间里人们应用数字技术（信息技术）从事信息传播、交流、学习、工作等。25 年后的今天，一场疫情让数字化在中国变成一种普遍的存在，而不再是少数人的 Style。

数字化的生存方式自然会带来金融机构经营客户关系的数字化改变，但由于人们的思维惯性，很多人并不了解数字化经营与线上经营的本质区别。线上化仅仅是开端，而不是结束，之后还有数据化、智能化，而标签和算法成为建设数字化大厦的地基和根本。

对于大多数零售行业，完成"人、货、场"的数字化，可能就形成了闭环，但对于金融行业还远远不够，还有客户关系经营的数字化——"关系"也可以被数字化。

金融的本质是风险和投资天然反人性，这两个特点决定了金融机构没有与客户的深度互动和沟通就无法建立较强的客户关系，也无法实现长久的可持续的交易。

如何基于微信生态形成客户池，并在客户池中批量化实现客户关系的深度经营，成为每个金融机构必须面对的命题。Beta 历时八年，积累了业内最准确的金融数据库（260 万以上）和最为庞大的客户行为标签库（7500 万以上）。历经三年，与超过 1000 家金融机构不断沟通和"打磨"，推出完整的基于"客户池"逻辑的数字化客户关系经营体系，希望能够对更多机构有所帮助。

　　客户关系数字化经营是一个全新的话题，新到连名词都是新的。Beta 探索最早、实施客户案例最多，但不敢说已经在此领域有所成就。我们期待能够和更多金融机构的仁人志士共同探索，共同成长。

李守国

贝塔数据创始人兼 CEO

前　言

一、零售银行为何要注重"数字化"营销模式

很长时间以来，零售银行网点的物理特性是很多零售理论的基点，从选址、营销到网点运营和顾客服务都基于此，而网点的物理属性决定了金融机构的做法是以"我"为主，精选金融产品和服务为特定的消费群服务。

在零售行业迈向数字化的今天，"线上＋线下"营销模式产生了大量的成功案例。各大银行看到了微信生态线上营销在目前这种形势下的重要性，纷纷施展数字化手段，助力线上营销的开展。到店客户量减少，恰好是"线上＋线下"这个创新模式发挥作用的最佳时机，有远见者有未来，在别人彷徨的时候，让我们发挥先行优势，赢在转折点上。

（一）银行为什么需要注重线上营销

当前，零售银行营销方面遇到的挑战的确比之前更加严峻，总结下来，有三个突出"痛点"：

1. 网点空心化

网点空心化的真正内因是互联网金融、数字化进程、金融科技等逐步改变了商业银行网点经营生态，线上化成为主流。

举个例子，有些私人银行级贵宾客户大部分时间由理财经理电话、微信通知产品到期、介绍银行服务，一年中能线下约见到客户的次数不超过三次。对于客户把握度低，客户流失的潜在风险非常高。

互联网金融冲击，移动金融逐渐代替物理网点；传统网点布局相对滞后，存在大量低效网点。非常时期网点客流减少，但成本却丝毫没有减少。"网点成本＋人力成本＋营销成本"，三类成本的叠加衬托出了推广人效（个人效率）之低，而从增效的角度看，最有可能增加的就是每个人的人效，特别是每个人的推广效率。

2. 客群碎片化

现在中国的主要财富人群横跨"50后"到"90后"，而几代人之间由于其社会成长经历、风险偏好、资产偏好、教育背景的极大差异，造成了极其明显的分层现象。这也是为什么在过去银行理财能够一枝独秀，但到了今天，却很难用单一、同质化的产品"通吃"所有类型客户。

客户注意力的碎片化在一个动作——"刷"上体现得淋漓尽致，刷微信、刷朋友圈、刷头条、刷抖音、刷微博等，而每次"刷"的动作都意味着一次注意力曝光的完成。

"刷"的流行带来的一个结果是客户变得越来越没耐心，注意力集中的时间也越来越短，以至于银行服务与金融产品需要在极短的时间内完成成交的转化，这给整个营销界带来的颠覆性影响也是显而易见的。产品播报式的曝光时代已经基本结束，而精准营销、品效合一则成了现在这个时代营销的标准。

在移动互联时代，信息的传播规则已经发生了天翻地覆的改变，客户的有效触达也越来越依托线上。因此，要在微信/企业微信上建立自己的客户池（私域流量池）已经是各大金融机构在制定品牌营销战略时必须考虑的一项核心战略。

3. 投入产出比有效提升（员工人效）

网点歇业，但成本一分不见少。稻盛和夫曾经说过，萧条时期，全体员工都应该成为营销员。

假如，前文提到的三大成本支出无法减少，此时的客户流量池才能延伸出更高的收入。举例来说，利用各类新客理财、新客户礼遇等低毛利产品引流提升转化率，然后将这些流量沉淀到个人微信号/企业微信号中，用高毛利产品带来复购和更高的转化率，整个过程降低了获客成本，提升了 AUM、新用户转化率。

对于银行业来说，线上线下的融合已是必然趋势。新零售银行未来发展中的核心要素是实现类似于互联网企业常常提到的日活跃用户、月活跃用户、复购率、流失率等核心 KPI。

作为银行业最早提出追求零售 AUM 规模，到最快向 MAU 转型的股份行，招商银行的一举一动都代表了一定的行业趋势，而从战略变化看，在 AUM 之后，以招商银行为代表的银行，2018 年开始借鉴互联网考核将月活跃用户（MAU）作为零售银行新的"北极星"指标，牵引整个招商银行零售业务的理念向数字化转型。2019 年年报中，招商银行 MAU 被提及的次数多达 14 次，2018 年提及 MAU 也有 12 次。

银行获得线下流量后要进一步转到线上，线上业务提供的增量收入能明显提升网点的人效和坪效，同时产生的大数据资源也有助于分析和精准营销，牵引零售银行从业务发展到组织体系、管理方式、服务模式，再到思维、理念、文化和价值观的全方位数字化转型。

（二）为什么电话营销不属于线上营销

有人说，远程营销不就是"远距离"和客户接触，那电话不就是远程营销？

据了解，作为公认的零售业务做得特别好的银行，招商银行里对客户经理的考核项目之一是每天至少要电话联系 20 个客户，且通话时间不少于 2 分钟，少于 2 分钟的系统不录音，即不被认可，而电话联系客户的情况也要与出勤情况进行挂钩考核。农业银行也早有"1031"工作要求，即每天至少 10 通电话，成功邀约 3 个到点，营销成功 1 个。农行人相信客户接了我们的电话又掐掉的，一定是因为客户不认识我们，即我们的话术不标准，在"自我介绍"环节就没有得到客户的认可，客户听不明白，没有打动客户，引起客户的兴趣，有的甚至还引起了反感。

但事实上被银行人认为十分重要的电话沟通，并没有为金融机构留下任何数字营销的基础。没有客户画像、没有聊天分析，就无法构建客户的数字化标签。只有基于大数据思维，经专业的"数据分析师"进行建模之后整理出来的数字化标签，才能做到靶向明确，并越来越精准。这是"零售业务数字化转型工程"

的重要组成部分，与之相配合的则是"手机微店营销"，即客户经理可直接通过"手机微店"推送链接，趁热打铁把业务轻松办了，且不需要客户往返银行。

（三）线上营销案例分享

案例：塑强营销平台，将"跑厅堂"变为"网上办"

坚持"数据多跑路，客户不跑腿"的理念，将"互联网"思维贯穿工作始终，加快构建一体化营销服务模式。

一是明确服务对象。深化政银合作，紧盯市政府防疫期间重点关注企业名录，精准筛选医疗设备制造商、肉菜蛋奶生产加工企业、医疗服务单位重点潜在客户121家，建立健全存量贷款、不良贷款、聚合支付客户信息清单，实施名单管理，明确主攻方向，"一对一"专人包靠、逐一突破。

二是做强服务金融小店。全面启用中小微企业办贷系统，加大金融小店、网上银行、手机银行、微信银行、自助设备推广力度，开辟疫情防控贷款"绿色通道"，开通包括"薪e贷""商e贷"等产品，力推"不见面审批"，构建当天受理申请、当天审批发放的"0延时"服务机制，搭建良好线上营销平台。

三是简化服务流程。建立"一链式"审批运行模式，按照手续从简、投放从快原则，开辟快速反应、快速决策专项贷款"绿色通道"。建立容缺办理机制，以"实质重于形式""减无可减"为原则，对重点客户实施先行受理、容缺办理、跨网点受理，力争客户"不用上门""不多跑腿"。

二、没有线上与线下，只有服务数字化

（一）线上流量已经封顶，线上和线下营销成本接近一致

据Questmobile报告，2020年，全网移动用户月人均时长仅增长约3%，全

网月人均打开APP个数仅增长1.6%。BAT三家用户规模逐渐饱和，增速放缓，在1.3%~2.4%。下沉市场增速也在放缓，只有头条系和快手在短视频的带领下，加速提升。

全民上网，接下来就是存量的厮杀与争夺，这导致流量成本进一步提升。线上营销和获客成本越来越高，基本与线下一致，特别是相对复杂的非标品。就营销效果和效率来说，线上和线下的区分已经不再明显，正在逐渐融合。

（二）线下金融机构网点到达率、电话接通率越来越低

中国疫情最严重的时候已过去，但并未给金融机构网点带来流量的恢复，在一线城市部分银行的网点叫号率甚至没有恢复到疫情之前的70%，客户能远程解决的问题，是不会选择再去现场的。

电话的接通率越来越低，特别是陌生电话的呼叫，更是跌至冰点。工信部《通信短信息和语音呼叫服务管理规定（征求意见稿)》的推出，更是压死骆驼的最后一根稻草。

（三）数字化是唯一出路

（1）客户已经逐渐适应数字化的生存方式，这可能是最根本的变化。疫情使得普罗大众迅速在一个较短时间内适应了数字化生存，并乐在其中。

（2）疫情大大加速了这一进程。据相关报告，因为疫情，零售行业数字化，至少加速了6年以上；金融机构数字化也被加速了2~3年。

（3）数字化的经营方式能够带来更多数据，实现更好的经营。

在线化、数字化的服务方式，能够留存和沉淀更多的客户行为数据用于智能分析，这是指数级的改进，不只是由一种方式换成另一种方式。

数字化服务与经营不仅是疫情带来的无奈之举，更是金融机构的主动选择。只有经营不断地在线化，才能不断地积累客户各方面数据，才能够进一步借助算法实现智能化的经营。所以，数字化经营是新型的，且更加先进的经营方式。

目　录

第一章　客户池，数字化经营的支点

Beta 创造性地在金融业内提出了"客户池"的概念。以赢得客户的持续价值为目标，以留存、复购为核心，为金融机构构建与客户长久信任的关系提供新的思路与方法。在零售银行全速数字化转型的新背景下，将金融的人、货、场智慧性地融汇于私域经营的框架中，不断探索真正适合金融产品营销及客户经营的新渠道、工具和方法。

一、客户池：可持续的客户关系数字化经营之道

（一）什么是客户池

客户池：是一种以客户持续价值为目标，以留存、复购为核心，构建与客户长久信任关系的营销经营方式。

三项必要条件为：

（1）私域的客户经营池构建。

（2）专业、恰当的内容供给。

（3）温度人性化的多维互动。

我们将私域的客户池经营与生态水域的构建做了形象化类比：

（1）将企业微信为代表的私域生态，类比为适宜栖息繁育的生态保育区。

（2）高质量的财经内容，类比为水域的营养能量供给。

（3）与客户高频温度感的人际互动，类比为生物间活力、共利的互动形态。

（4）持续的投后陪伴，类比为可行的资源开发。

（5）数据指标体系，则是水域的监测管理体系。

客户池理论，将生态、可持续的管理理念，引入到以信任构建为目标的客户关系经营中去，指导金融机构在崭新数字化环境下的营销管理实践。

（二）对金融机构有何价值

通过客户池理论及 Beta 提供的数字化经营工具，我们希望为金融机构的数字化转型做以下助益：

（1）营销胜率增长：用有效客户经营及数据智能提升销售精准效率，提升销售转化及持续交易能力。

（2）理财师服务效率提升：以批量化的内容互动，活客、留客盘活长尾客群、扩大服务半径。

（3）管理模式数字化飞跃：以 SAAS 轻资产、轻管理的方式，实现金融机构在数字化营销及客户管理模式上的转型飞跃；实现金融机构与客户的长久信任、共同塑造可持续发展共利共荣的财富管理新生态。

二、私域流量：建立有温度的连接

"私域流量"这一概念来源于淘系电商，零售电商私域经营相对标准化，适用于客单较低，活动促销频繁、冲动之下即可快速成交的商品。私域理念被引入金融机构客情维系时，经营方式和方法都发生了变化。

（一）成为客户朋友，建立有温度的连接

电商私域经营不需要太多情感连接，更多是流量收割思维。金融行业客户成交周期更长、客单价更高，因此当我们提及"私域流量"时应回归经营的初心，不能将客户视为冰冷的数字。每个客户都是一个个具体的人，每一个鲜活的社会角色——父母、儿女、教师、学生、工人、职员、企业家、运动员……每个角色都有性格、有情感、有优点、有不足。每个金融机构的客户经营者，如理财师、代理人、经纪人、柜员、客户经理、行长、总经理、网金科技人员等，同时也都是其他衣食住行等不同领域企业的客户，也都希望自己能够被有温度的对待。经营"私域流量"本质是与客户建立连接，让每一次互动更美好，让每一次连接更有温度。

金融机构经营的不是流量，而是有温度的情感连接。

（二）数字化经营不等于把客户当作流量经营

没有客户愿意被作为流量经营。把用户/客户作为流量或私域流量，本质上是站在甲方思考或日常工作更加便捷的表达。这样思考问题时间长了，也许自己的思维也会被带偏节奏。

（三）单纯的流量关系，容易陷入价格比较

金融机构提供的本质是服务，或者说是把服务作为一种产品提供给客户。如果只是把客户作为流量，关系相对单一，也容易陷入简单的利率或价格比较。只有很好地互动沟通，形成情感连接，才能带来更好的客户关系，更好的客户经营。

面对每个具体的客户，我们应该不断建立和经营与客户长远的、可持续的、有温度的连接。

特别是金融产品的长期性和不断投资的特点，只有和客户成为朋友、成为伙伴，才是长久的客户关系经营之道。

三、"人、货、场"理论连接客户与产品

（一）金融机构数字化的"人、货、场"

金融机构的"人"，即客户。客户的数字化，由多维度采集的各类型标签来完成，不断侧写客户的每个角度，不断更好地了解客户。

金融机构的"货"，即金融产品。金融产品天然是契约合同，因此最容易被数据化。金融产品本身的收益、期限、风险等各类指标，以及可能的各种分类与概念板块，皆为不断描述金融产品的特征标签。今天，大多数中国金融机构的金融产品线上化率均已经在95%以上。这是金融产品数字化很好的基础。

金融机构的"场"，不应该被狭义地理解为手机银行、网点柜台等实现销售或交易的场所，而是更加广泛意义的"场景"，即一切能够和客户建立连接，和客户互动的地方。"场景"，一样要能够被数据化。入口、频次、打开方式、互动频率、场景特征、时间等，都应该被数据化、Tag化。

（二）金融机构与客户的关系经营数字化

当"人、货、场"均已经在线化、数据化的时候，金融机构与客户的关系经营也可以数字化的方式进行了。

首先，由于"人、货、场"已经在线化，那么与客户的大多连接和互动，也都会在线化发生，因此才可能构成数字化关系经营的前提。

其次，由于在线化，可能产生一些线下沟通不曾存在的关系场景。例如：理财游戏互动；同屏互动的商务演示等。

再次，客户经理与客户发生的各种连接、互动、沟通，只要发生在线上，都会被记录、被解析、被数据化、被标签化。所有的互动行为都可以被记录，所有的互动形式，文字、图片、音频、视频等，均可以被解析标记，进而用于计算。

最后，客户经理与客户的关系经营，一定会逐渐多元化、智能化。

数字化的客户关系经营，绝不是今天我们所能想象到的在线化、数据化那么简单，也绝不仅仅是因为客户在线化，所以换一种经营客户的方式。数字化的客户关系经营是一种新的物种，必然带来全新的变化。我们唯有拥抱变化，才能使用好新的经营方式。

（三）数字化的客户关系经营与其他方式的对比

即使在新型客户关系经营尚未智能化阶段，依然表现出与其他方式的巨大不同。为客户经理带来全新的经营方式和经营空间。

阶段	商品特点	客户特点	关系连接	客户数量	互动	客户经理服务数量
传统线下	个性化、体验化	大客户为主（私人银行）	强	塔尖比例极低	立体式、强互动	有效服务，50~80人
纯线上	低客单、标准品（淘宝、京东客单价）	高度长尾（20万元以下）	几乎没有	塔基数量极大，贡献并不大	无，触达即交易	—
数字化	高客单强复购非标准	介于二者之间	中	中间力量贡献大	轻触达、中互动、高转化	有效服务，300~500人

（四）新的客户关系经营需要有新的渠道、工具和方法

数字化的客户关系经营，需要新的工具和渠道。原来的手机银行等 APP 的线上化方式，大多只是向客户单项展示，比较难解决人与人之间的互动沟通，更多还是商品与人的互动。客户的习惯导致手机银行依然还是一个相对低频的沟通渠道。

微信已经成为国民最普遍的沟通工具，企业微信自然成为最好的客户关系经营的工具和载体。金融机构依然可以使用个人微信和客户沟通，但已经远远没有企业微信那么方便和高效。随着企业微信不断开放和功能不断迭代，客户经营会越来越高效。

工具/载体	互动	经营
手机银行	人与商品	商品
微信/企业微信	人与人	关系

人与人的沟通是多种多样的，上表仅代表未来的一种可能性。

四、客户池，数字化经营的支点

"给我一个支点，我能撬动整个地球。"（阿基米德）

基于微信/企业微信建立的客户池，就是数字化客户关系经营的支点。注意，工具本身不是支点。客户池，才是经营的支点。

（一）金融产品的特性要求必须深度互动

金融产品交易，最终是基于客户的信任与金融机构的信用。其非标准、高客单、强复购等特点，使只有深度的互动沟通和关系经营，才能实现长期的、可持续的交易。

互动，才能产生情感连接。有了情感连接，才能让客户不再单纯关心价格或利率，才能进行比较复杂化的产品销售。

金融的本质是风险，风险管理和风险控制是违背人性的。零售行业利用客户人性的"贪嗔痴"进行各种"上瘾性"操作和推广，在金融行业基本都是失效的，而且大多也是监管部门不允许的。所以，随着金融产品进一步标准化，金融科技进一步发展发达，终会实现一部分的纯线上化交易，但对于大多数客户来说，依然对抗不了投资中人性的"盲目自信"与"过度恐惧"，导致追涨杀跌。对于大多数金融产品来说，如果不解决人与人的沟通和互动，就无法实现可持续的成交。

（二）自建流量池无法解决深度沟通

由于客户习惯使然，目前手机银行无法很好地解决客户深度沟通和互动。互联网金融的发展，使部分标准化的产品，如货币基金（余额宝）实现了线上大发展，也可能会使部分客群，在线完成部分产品购买。但大多数金融产品，纯线上化交易进展并不顺利，如互联网保险发展几年，目前依然只是占总体保费规模一个较小的比例。

前期，大多数金融机构在手机银行上做了很多经营尝试，如社区化、场景化、生活圈，引入三方场景或自建场景，实现了长尾客户的轻互动，在客户活跃等方面也取得了不错的成果，但由于客户习惯，可能依然无法承载进一步的客户深度沟通。一旦有客户经理微信，有问题第一时间依然是微信询问，而非在手机银行进行沟通。

手机银行应该不是客户关系经营的"池塘"，而是经营的终点——交易。

（三）企业微信为客户关系经营带来的改变

（1）与客户的深度沟通互动。像个人微信一样便捷和熟悉的沟通方式。

（2）销售离职，客户继承。当 A 客户经理离职时，可以由管理员把好友一键迁移给一个或多个新的客户经理。

（3）以批量经营、批发的方式做零售。基于各种开放接口，可以实现批量化的点对点消息群发和互动沟通，实现批量化经营。

（4）CRM 客户 ID 打通。进一步丰富批量化经营的场景。

（5）互动数据被解析。所有和客户的互动行为和沟通记录，均可以被存储、解析，用于进一步智化的经营。

（四）客户池的形成及关系经营

客户经理个人微信是客户经理的"小池塘"，企业微信是金融机构的"大池塘"。当把各种渠道和方式营销过来的客户，不断收拢到金融机构的"池塘"当中，在池塘中不断进行沉淀，并进行 ID 打通，就形成了金融机构的客户池。

在客户池中，可以进行各种各样的客户深度互动和客户关系经营，不断实现客户的转化和交易。由于 ID 打通和行为标签等，在客户池中进行的客户关系经营，就已经初步转变为数字化的客户关系经营。

五、客户池体系，"漏斗模型" 穿透获客流程本质

（一）环节一：触达与获客

1. 触达内容（鱼饵）

线下的见面，本身就是场景，就是内容。线上的触达需要借助一定的内容介质才能更好地完成。Beta 为金融机构提供包括早报、海报、短视频、游戏、活动等在内的四大类 25 个小类的内容，进行客户的触达与轻互动，并提供包括企业微信侧边栏在内的各种各样的载体形式和接口。

2. 触达渠道（渔网）

所有能够触达客户的渠道，均应该进行二维码（渠道码）的投放，如公众号、各种线上公域流量平台、媒体广告、手机银行、网点厅堂、员工工牌、第三方异业渠道等，形成立体式、庞大的渠道网络。

（二）环节二：客户池的形成（池塘）

当客户添加到微信之后，还需要再进一步完成客户认证才能形成"客户池塘"，完成认证和金融机构 CRM 进行 ID 打通后才可以进行后续一系列批量化操作的客户互动与客户经营。

一般建议通过各种渠道吸引客户自己主动完成认证，这样体验相对较好，但也相对较慢一些，需要经历较长的时间，也需要一定成本支出。还可以通过客户经理的力量，完成客户的认证。这需要给客户经理分配任务，内部进行推动，其速度快、成本低，但可能有部分客户经理存在抵触情绪，需要一定的引导、打榜、奖励、激励等推动形式。

客户池：客户数字化经营方式转变

人即网点、人即服务，基于企业微信形成客户池，批量数字化经营

（三）环节三：客户经营（养鱼）

客户留存到池塘后，除了客户经理个性化一对一沟通外，还可以进行各种各样的批量化经营（批量养鱼）。

多种形式的内容推送：如早报、短视频、本地生活、海报等。

多种形式的互动：如理财类游戏、节假日活动、同屏商务演示等。

多种形式的投后服务：如基金投后、保险续费、贷款缴费等。

在方式上会存在一对一点对点的批量群发，一对多朋友圈经营和多对多客户群的经营。此处不再做详细介绍，详情可以咨询 Beta 公司客户经理。

同时会形成数据反馈闭环，判断客户偏好，改进金融机构经营的方式和方向，形成智能化经营。

（四）环节四：客户转化（打鱼）

借助一定的工具和活动，完成客户交易的在线转化，如基金组合调仓、保险短视频计划书、同屏商务演示、小微贷款标签与画像等。

（五）环节五：客户交易

由于监管和安全限制，最后的交易均需要连接跳转回金融机构的手机银行、

微银行、交易类 APP 等，此处不再赘述。客户池经营体系的背后是海量标签，是大数据和算法（高科技养鱼）。如果每个经营的场景和环节不能很好地数据化，就无法带来进一步的智能化，也就变成了简单的在线化，而非"数字化"的经营方式。

Beta 已经拥有 260 万只金融产品的标签数据，并每天实时更新；7500 万高净值客户行为偏好数据画像，这构成了智能化的客户关系经营的基础。

六、零售银行全速数字化，银行将成为一种服务而不是一个场所

如果没有深度的数字化转型，基本都会在行业里失去领导地位，数字化营销不是提高效率，而是营销方式的改变。

（一）为什么需要选择数字化营销

长期来看，银行将成为一种服务，而不是一个场所。新冠疫情的到来，加速了银行的数字化转型，降低了员工个人对客户关系维护的依赖。那么在未来，只有利用金融大数据，才能有效支撑员工去选出最有价值的客户进行管理。

数字化是未来金融行业的趋势，2016 年阿里云栖大会上，马云提出："现在所有的电子商务会成为传统概念，未来会是线上、线下结合的新零售。"从此之后，"新零售"成为当下热议话题，但大部分人对新零售的理解只是一句"线上 + 线下 + 物流"。

实际上"新零售"可以概括为："企业以互联网为依托，通过运用大数据、人工智能等先进技术手段，对商品的生产、流通与销售过程进行升级改造，进而重塑业态结构与生态圈，并对线上服务、线下体验以及现代物流进行深度融合的零售新模式。"

对于金融行业来说，"新零售"区别于传统零售，它的核心是以人为本，利

用当下发达的数字技术充分逼近消费者的内心需求，重构人货场，实现"以消费者体验为中心"。

新零售行业中的"线上"，其价值在于：通过大数据，提升对客户的"洞察力"，测度每一个用户的价值，并对不同价值客户实施差异化策略，这也是未来金融服务的重中之重。客户运营平台基于大数据的服务能力，能够帮助金融机构识别不同价值人群，并通过精细化的有效触达与营销服务，实现客户的可识别、可洞察、可触达、可服务，最终实现运营效率的提升和建立消费者对金融机构的黏性。

与"线上"不同，"线下"的价值在于：让一切服务"有温度，可感知"。如果海底捞只是提供外卖，没有那些可以接触到的细心服务，那么海底捞又将如何维持高价格呢？什么是温度？微笑是温度，有磁性的声音是温度，握手也是温度。

（二）驱动数字化转型的核心因素是什么

真正深度的数字化是你要用数据和技术，改变商业模式，改变机构和客户交互的模式。假设有一家公司用数据和算法就能颠覆传统的金融行业，那么金融行业应该做的是认真研究其战略路径。人家做得比你快、比你好，成本还只有你的十分之一，这样的优势是金融机构无法拒绝的。

客户沟通的方式和习惯已经在逐渐地变化。随着技术和基础设施的进步，远程和线上变得越来越便捷，微信语音会议被用得越来越多。和客户正式电话之前不先用微信说一声，直接拨打电话，可能会让客户觉得不礼貌。从整体数据看，电话接通率会越来越低。只要不是太复杂难以表达清楚的情况，客户越来越习惯文字、图片、短视频、材料等线上沟通。

科技的进步与变化。5G 到来，万物互联。金融机构大部分业务都可以远程办理，金融机构不再是一个物理场所，而是无处不在的服务。也由于科技的进步，非接触的方式已经可以解决大部分问题，特别是人口比较集中的大城市，线上远程甚至可以获得比线下更好更便捷的服务体验。

数字化服务，带来数据化沉淀，进而反哺服务做得更好。顾问服务线上化和数字化，带来的附属价值就是可以沉淀各种数据，并用于计算。可以更真实、更及时地了解到客户需求变化，以便于进行针对性营销和个性化服务。

（三）顾问服务数字化有哪些方式

顾问服务数字化，应在获取客户、互动沟通、转化成交、售后服务等环节不断提高数字化率。数字化的前提是一切都尽可能在线化。一个在线化的组织可在"行为在线化、沟通在线化、组织在线化、协同在线化、业务在线化、生态在线化"等这些方面逐渐提升在线程度。

1. 获客触达的数字化

理财顾问和所在机构应不断增加与客户的触达，形成连接。有了更多的连接就有更多数据，有更多的数据就带来了更多业务上再创新的可能。通过数字化转型，大幅提升线上销售比例，那么这个投入产出是清晰的。再比如，通过数字化流程，提升效率，减少人员投入，这种数字化项目的投入产出也是清晰的。

2. 资讯场景获客数字化触达

客户的投资者教育和简单产品的说明展示均可以线上完成。每天、每周、每月分别选取客户感兴趣的资讯发布到朋友圈或者点对点发给客户。市场热点和突发事件及时为客户在理财角度做解读。不断影响客户的同时，也在为留下行为数据做进一步判断。

3. 客户转介获客的数字化触达

客户转介微信沟通，应尽可能使用专业的电子名片和电子商城。当老客户完成新客转介后，可以更加专业地展示自己的优势和产品，更可以通过新客初期点击行为对客户需求做个大致判断。

客户转介社群化经营。社群经营不是把客户简单拉一个微信群就结束，而是需要借助外部工具，不断运营和服务社群的过程。

4. 客户沟通与客户互动的数字化

与客户的强沟通和互动的方式主要有：电话、微信信息、短信、视频会议、语音等。原来只有客服中心的外呼或来电可以录音，且只能做通话时长、接通频率等简单的记录和统计，而与客户沟通的内容，虽然可以事后听取录音，但没办法做进一步分析。

随着技术进步，通话、视频会议、会话、阅读等，均可以进行行为和数据分析，这可以极大地提高销售行为的校准和纠偏，也可以更加精准地判断客户偏好和兴趣点，如不能将新的沟通方式进一步线上化，则无法采用技术手段做数据分析，也无法带来质的提高。

5. 交易与售后服务的数字化

由于金融产品虚拟的独特性，大部分交易方式一直以来都是电子化为主，不一定能完全完成数字化，但至少都是线上化的。

6. 服务场景数字化

财富管理服务的最大特点是产品成交仅是服务的开始，而不是结束。因此，大量的产品和客户资产组合的变动服务，是成交后客户触达和互动的最好场景，这些触达和互动，要尽可能采用数字化的服务方式。如无必要，无须再使用传统的电话通知或者面对面沟通，因为你要是没有深度的数字化转型，在这个行业里基本上都会丢掉领先地位。每个人都不能掉以轻心，即使那些颠覆者离你还很远。

第二章 客户池，内容营销获客

如何将低效营销，变成高质量触达？

理财专业内容是离成交最近的场景。通过内容营销的方式触达客户，金融机构可以将与客户的低频交流转化为高频的互动；将晦涩干硬的广告，变身为生动有趣的投教知识。为新客获取和存量客户的持续活跃及交易转化打下坚实基础。

一、Beta 内容体系介绍

企鹅智库的《数字内容报告》显示，高收入用户（人均大于 15000 元）对于资讯消费的平均时长为 115 分钟。也就是说，从高净值客户的需求来看，他们对于资讯的需求是非常旺盛的，他们也非常愿意对高质量的资讯进行消费。他们需要不断地去吸收资讯，来辅助他们去做一些生活、工作上的决策，而金融机构通过的文字、图片、短视频等多种形式的理财资讯，与这些高净值客户建立高频率的线上沟通联系，就达到了触达留存客户的第一步。

（一）未来卖产品的本质是卖服务

从银行机构的角度来看，未来卖理财产品的实质是卖理财服务。未来客户购买理财产品时，想要得到的是理财产品外的附加价值，在为高净值客户推荐购买产品时，是否同时提供一些有价值的理财资讯信息，在购买理财产品后，是否也能得到定期的理财认知提升服务等。

通过提升附加服务价值，来提升客户对于金融机构的专业服务形象认知，达到提升高净值客户留存复购的目的。

（二）提升客户理财认知，缩短决策周期

金融行业尤其适合进行"内容营销"，长期的理财需求如养老、子女教育等，通常决策周期较长，产品特性相对复杂，涉及领域知识较丰富，客户一般会进行长时间的学习、参考、比较，从而进行购买，因此具有长期、稳定、高频的内容营销投放需求，内容营销也是产品与用户实现互动、沟通的最佳渠道，而理财知识的传播就是天然的"内容营销"。对客户进行投资者教育，会直接影响客户的理财决策，通俗点来说，就是直接影响到客户的成交意向。

下面将简单介绍 Beta 内容输出体系：

1. 资讯陪伴

系列说明：覆盖 7×24h 国内外全球市场资讯，第一时间为客户解读全球资本市场异动。

财经早报	午间收评	收盘点评	财经晚报
内容定位：每日清晨为投资人带来最及时的财经资讯，为投资决策提供有深度的头条点评	**内容定位**：每个工作日的午间为客户提供最及时的重大财经事件回顾	**内容定位**：每日复盘总结，帮您梳理当日重要新闻，投资决策有据可循	**内容定位**：睡前心灵治愈、理财干货分享
更新频率：每日更新	**更新频率**：工作日日更1篇	**更新频率**：工作日日更1篇	**更新频率**：工作日日更1篇
内容形式：图文	**内容形式**：图文	**内容形式**：图文+视频	**内容形式**：图文+视频

2. 策略陪伴

系列说明：基金策略周报、月度策略报告、季度策略报告。

突发解读

内容定位：紧贴市场热点、突发新闻，从财富管理角度深入解读

更新频率：周更至少2~3篇

内容形式：图文

基金策略周报

内容定位：定位给私行级高净值客户每周基金投资策略；每周聚焦基金行业动态，挖掘市场投资机会

更新频率：周更

内容形式：图文

基金经理研究

内容定位：洞悉机构资金动向，跟踪明星基金经理动态、通过基金投研输出有价值的观点

更新频率：不定期

内容形式：图文

资产配置系列

内容定位：结合当前理财环境、数据透视各类资产表现、前瞻高净值家庭资产的布局思路

更新频率：不定期

内容形式：图文

3. 保障陪伴

系列说明：财商保典、保险云课堂、保险海报。

财商保典

内容定位：财富传承、浅谈法商、保障余生、枕典席文

更新频率：每周3~4篇

内容形式：图文

保险云课堂

内容定位：结合市场热点联系主流保险产品做好营销衔接和铺垫、结合主流保险产品如年金险、终生寿、保险金信托、健康险、医疗险、意外险等

更新频率：每周1节

内容形式：视频、图文

4. 精编陪伴

系列说明：为中国商业精英和决策者们提供每日不可或缺的商业精编、深度分析以及评论。

基金精编

内容方向：基金投资、定投投资、基金公司集中调研行业、基金持仓变化，机构资金变化

更新频率：1篇/工作日

内容样式：信息流

保险精编

内容方向：保险市场与发展、政策法规变化、行业关注话题养老金、社保新闻、医保制度和保险话题

更新频率：1篇/工作日

内容样式：信息流

理财精编

内容方向：各大类资产的投资趋势；投资理财方法、关注资产大类：基金投资、定投投资、银行理财

更新频率：1篇/工作日

内容样式：信息流

信托精编

内容方向：资管产品净值化动态、保险金信托、家族信托、信托资产评级、资管行业每日动态跟踪

更新频率：1篇/工作日

内容样式：信息流

宏观精编

内容方向：宏观经济、宏观政策、宏观数据、货币政策、财政政策

更新频率：1篇/工作日

内容样式：信息流

房产精编

内容方向：头部房地产企业情况、国家房价调控政策、地方调控政策、房价涨跌、公积金

更新频率：1篇/工作日

内容样式：信息流

国际市场精编

内容方向：美国央行、欧洲央行、日本央行动向、海外知名投资人、海外热点突发事件

更新频率：1篇/工作日

内容样式：信息流

证券精编

内容方向：证券投资相关政策变化、市场异动、热门板块，以及上市公司异动

更新频率：1篇/工作日

内容样式：信息流

私募精编

内容方向：资管动态观察、私募基金行业监管、私募策略、明星私募

更新频率：1篇/每周

内容样式：信息流

家族财富精编

内容方向：家族信托、保险金信托、国内外财富传承案例与趋势、国内外家族财富传承案例

更新频率：1篇/每周

内容样式：信息流

税筹、小微精编

内容方向：财务小知识、税务筹划、相关国家扶持中小企业政策，知名企业家语录、动态

更新频率：1篇/每周

内容样式：信息流

5. 获客海报

系列说明：一图胜千言。

早安	场景：每日清晨早起正能量打卡
晚安	场景：每日晚间心灵治愈金句
节日	场景：二十四节气、重大节日祝福海报
奋斗	场景：励志金句搭配精致风景图
保险投教	场景：年金、重疾等保险理念辅助营销的理念海报
保险行业	场景：社会保障、保险行业政策与行业趋势
投资日历	场景：日历文案包含365天投资格言、投资大师金句、理财规划理念、记录历史上的今天金融行业重大变革
基金	场景：基金投教。关于基金市场突发新闻、投资理念等

二、"知识营销"解锁客户经营密码

"知识营销"概括起来就是：以知识为纽带，大力做好售前相关投资理财、保险保障的宣传工作，让大众接受价值投资、改变投资观或保障观，不断地创造出需求从而开拓新市场。

"知识营销"与传统的关系营销相比，在营销的理念、营销的手段、营销的方式上都有很大不同。具有自己独特的特点：

（1）在市场观上：传统的营销只是去占领市场，在有限的市场中去尽力扩大自己的市场份额，将市场视为静态的、凝固的板块来分割，而"知识营销"则是培育和创造市场，不断地拓展市场的空间，变有限市场为无限的市场，将市场视为动态的、无限的空间去拓展。它是以知识带动需求，以满足需求来创造客户需求。

（2）在服务理念上：传统营销的服务一般只注重售后服务，忽视售前服务，而且服务的时间也是有限的，缺少将客户发展为长期黏性用户的要求，而"知识营销"则不同，其既重视售后服务也重视售前服务，二者缺一不可。售前服务是"知识营销"培养消费需求、市场的基础。通过售前投资理财知识的推广普及，提高了公众投资理财水平，使其在生活方式、理财水平上得到改变，成为潜在长期的客户。

（3）在竞争手段上：传统的营销常以特供产品优惠、新客户理财等低层次的竞争手段来促销，这种"价格战""让利战"的后果往往不堪重负，最终导致同质化比价愈演愈烈，而"知识营销"则是以宣传理念为主做好售前和售后服务，将产品与顾客的关系建立在知识的需求和不断的更新上，使顾客成为长期稳定的消费者，这是知识经济时代竞争的显著特点。

（4）在客户关系上：传统营销中的顾客往往是被动的，顾客的需求也往往被局限在"目前"，满足眼前的需要，对产品的认识也只能被动地、很局限地、泛泛地、不稳定地接受和了解。对商家来讲，售前客户是非常不稳定的，而"知识营销"则相反，它是依靠普及推广投资理财知识，从满足顾客的知识需求，大力做好售前的服务，使顾客由被动消费变为主动消费，使顾客潜移默化地成为长期稳定的消费者，甚至主动来参加这个产品的研究、开发和生产，使商家和顾客融为一体。

知识营销与关系营销模式相比，有着明显的不同，反映了两种不同的营销思路：

（1）关系营销是利用现有的客户关系为出发点，以潜在客户为特定对象，强化潜在客户和营销人员的信任关系，而弱化了潜在客户的真实需求，同时也弱化了产品本身的特性和客户之间的匹配程度，一句话总结"客情营销"就是：先关系，后成交。优点就是：无需很高的专业门槛，只要和客户的关系相处得好，信任就可以卖产品。不足之处：没有关系，也就没有成交。

（2）知识营销则以普及产品相关的背景知识及原理为出发点，强化"知其然还要知其所以然"，一句话总结"知识营销"：学知识，带成交。知识营销与关系营销相比，在以下三方面取得了突破性进展：

1）与关系营销侧重于短期利益相比，知识营销更注重长远利益，知识营销实现了顾客对产品全面、详细的了解。知识营销与传统营销相比，更好地实现了客户与机构之间的沟通。

2）关系营销是产品功能导向，侧重于销售成交，而知识营销在吸引和维持现有顾客的同时，更注重于创造和培养潜在顾客。

3）与传统营销相比，知识营销更能激起企业对科技知识的需求和不断创新。

为什么传统专业营销一直做不起来？

第一个高门槛，首先体现在营销人员的要求上。国内外许多研究表明，知识营销人员至少应该包括以下两个特征：一是内容包装与传播力，二是专业技术知识。知识是核心，是一切知识营销人员工作的前提和基础。

第二个高门槛，体现在知识的生产上。在专业营销方面，客户最喜欢获取知识的形式是"图文"和"视频"。

　　第三个高门槛，是"文字说明"。生产形式更丰富的专业内容，需要更多的人力物力投入，金融机构没有专人产出，往往生产成本极高。

　　客户在获取专业内容时，最为关注的是专业内容的"真实性""精准性"和"专业性"。对于机构来说更经济的方法不妨将业务外包给专业的投教供应商。

真实性、精准性、专业性成为最重要的考量因素

2019年用户获取专业内容时的评估角度（按重要程度打分）

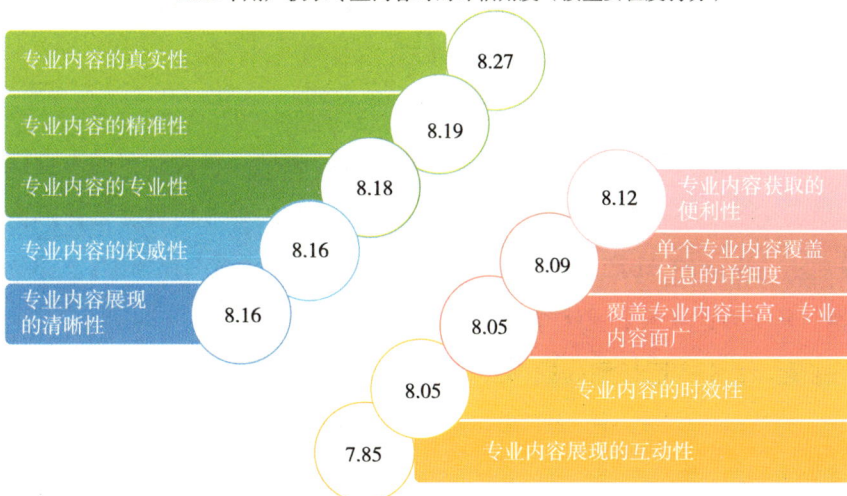

专业内容的真实性	8.27
专业内容的精准性	8.19
专业内容的专业性	8.18
专业内容的权威性	8.16
专业内容展现的清晰性	8.16
专业内容获取的便利性	8.12
单个专业内容覆盖信息的详细度	8.09
覆盖专业内容丰富，专业内容面广	8.05
专业内容的时效性	8.05
专业内容展现的互动性	7.85

注释：您认为以下方案对于专业内容的获取来说重要程度如何（10分为最重要）？
样本：N=1000；于2019年10月通过艾瑞社区联机科研获得。

三、成功"知识营销"的秘密

　　明白了"知识营销/内容营销"的好处，那么如何才能做好"知识营销"呢？以下是 Beta 在服务 1000 余家客户后的经验总结。

　　什么样的知识内容更容易获得成功？一个成功的知识营销体系，至少需要以下四种类型的内容：

1. 基础类：财富理念

财富理念类的知识，属于入门级的内容，也是"know – what"，容易收集，也容易传播，例如我们常见的《理财小妙招》《全民学理财》等就是这类型的内容。它是所有知识内容的基础。

2. 工具类：投资教育

这类是中级的内容，教大家如何使用具体的金融工具。如购买基金理财，如何通过定投工具，平衡收益和风险等。Beta 视频专区中，投教视频系列《一分钟秒懂》中上百个动画视频都属于这一类。

3. 产品类：产品信息

金融产品的介绍与营销内容，是相对进阶的类型。包含较多的专业信息与术语，是成交转化不可或缺的环节。最经典的产品类的专业内容就是产品的测评和利益展示。Beta 的 AI 产品短视频、基金评分、保险计划书都属于这一类别。

4. 事件类：政策、重大事件

这是专业生产门槛最高的内容类型，是最考验内容团队水平的类型，这是最适合作为破冰/营销抓手的内容产品。Beta 的"突发解读"系列及每月每季的宏观分析都属于这一类型。下面我们将展开来阐述。

事件类内容的创作秘诀有两个重要因素：一是及时，二是解读。

所谓"及时"。根据传播学的理论，新闻的价值会在 24 小时内由"关注度极高"衰减到"几乎不受关注"，因此，对于及时的定义就是在重大事情发生后"1 天"内发布，这也称"24 小时效应"。

"解读"，顾名思义就是对于大众最关心的重大的事情的剖析。重大新闻解读分为以下三类：①突发事件的解读，也称"突发五步解读法"。第一步，呈现突发事件现象；第二步，回顾历史；第三步，历史、背景、理论解读；第四步，政策影响；第五步，行业影响，借鉴通用的方法阐述对行业的影响。②新政策解读（以科创板、个税为例），也称"新政五步解读法"。第一步，新政策公布的相关新闻，包括政策内容、相关图片、媒体报道标题和反应；第二步，回顾历史，包括历史版本、政策回顾、历史影响、本次政策出台背景解读（是否涉及历史未解决问题等）；第三步，本次政策详细解读（重点）和与之前的不同之处；

第四步，理论解读的延伸或归纳，如为什么降息影响股市、股市还有什么影响因素等；第五步，行业影响，借鉴通用的方法阐述对行业的影响，重点突出对读者（投资者）的影响。③市场涨跌（以股市熔断，油价为例），也称"市场四步解读法"。第一步，现象，如个体事件（比特币跌，群体事件等）对市场的影响；第二步，历史，定性（如什么是熔断、产生的背景），定量（日、周、月、年 K 线等）；第三步，历史、背景、理论解读，从历史和理论归纳影响因素，进而分析本次下跌原因；第四步，未来，"对策" ＞ "预测"，包括同行和我们如何预期等。

四、内容营销为何能够提升线上转化率

在微信的朋友圈中，金融产品广告蔚然成风。然而，在这些众多的产品广告当中，有些理财师反其道而行之，大打"知识营销（内容营销）"，无疑成为营销界的一股"清流"。那么，知识营销是什么？

知识营销：指一种以知识为核心，深度影响消费决策的营销方式。在知识营销中，将与品牌相关的高价值内容，以有效的知识传播方法，传递给目标受众，使受众形成深刻的品牌认知，深度影响消费决策。

（一）知识营销特点

（1）知识营销以知识的形式传递广告内容，使品牌价值与信息价值产生双重溢价。

（2）知识营销在影响用户的同时，也给用户创造价值。

知识营销是营销发展到现阶段一次重要的转变，这种转变是产品和消费者都发展到了一定高度后，自然产生的结果。

以生活中的场景为例，以前买水果，只是觉得苹果好吃，但是现在商家却可以告诉我们苹果含有丰富的维生素和矿物质，可以让你的身体更健康；以前买汽车，我们不会关注发动机涡轮增压好还是自然吸气好，但现在我们就会通过各种专业知识来进行横向对比。

知识营销是存在于普通知识和专业知识之间的一种营销方式，这种知识虽然没有专业知识那么严谨和客观，但相比普通知识更具有可信度。以丁香园医学科普知识为例，所有医学相关的文章，作者除了需要在这个领域内有非常深厚的专业知识外，还需要有简化知识、柔和知识的能力，要做到能让一个普通的消费者即使没有那么专业的理论基础也能看懂这篇文章。

知识营销出现的背景是因为大量的专业投资客户出现，客户不再是被动接收营销信息的群体，而变成了主动或交叉寻找营销信息的群体。

据中国互联网网络信息中心统计，我国目前的网民总数约 8.3 亿，本科以上学历的人数约占总人口的 10%，月收入超 3000 元以上的人群约占总人数的 45%。在互联网用户群体中，知乎用户的本科以上学历人数高达 80%。以上种种数据都说明了我国高知识人群在不断增多，伴随着需求端人数的上升，供给端自然而然就要做出改变。

专业消费者的出现同时也给企业营销人员带来了更大的挑战，我们不仅需要专业的营销知识，也需要对自己所服务的产品做深入的了解。"内容即营销，营销即内容"的这种趋势未来会愈加明显。

（二）理财专业内容场景离成交最近

理财的传播，天然就是"知识营销"。这是由两个因素构成的：一是投资市场瞬息万变，需要专业而且职业的从业人员进行解读；二是最终的决策要由客户来操作，所以，"投资者教育"就必不可少了。

所谓"投资者教育"，是指针对个人投资者所进行的有目的、有计划、有组织地传播有关投资知识、传授有关投资经验、培养有关投资技能、倡导理性的投资观念、提示相关的投资风险、告知投资者权利和保护途径、提高投资者素质的一项系统的社会活动。

投资者教育的目的：就是用简单的语言向投资者解释他们在投资过程中所面临的各种问题以及应对措施。所以，投资者教育，会直接影响客户的理财决策，通俗点来说，就是影响成交。

例如，《人民的名义》中提到的保险片段，可能这么一个小小的视频，就让客户下决心购买保险。根据艾瑞的市场调查，超 70% 的用户认为品牌相关的背景内容会增加自身对品牌的兴趣，同时超过 1/3 的用户表示专业内容服务平台提供的有价值知识信息会促使用户点击广告及完成购买。

第三章　客户池，多层次互动经营活客

金融产品的长期性和不断投资的特点决定了营销者与客户间的互动必须是深度的。只有客户对营销者的专业足够信任，将关系经营到位，成交才能水到渠成。因此，与客户的互动经营绝不能只停留于简单热闹，线上互动更需有专业度、有情商、循序渐进的培育财富需求，才能赢得客户的长久信任及转化。在数字化的今天，应让科技充分赋能，围绕客群及精准的客户个体画像，提供互动工具及批量深度经营的方法，使营销精准有效，实现活客、留客！

一、互动运营的基本逻辑

互动运营的基本逻辑是深度运营客情关系，主要分为三类：一对一（聊天）、一对多（朋友圈）、多对多（社群）。

（一）一对一聊天场景

一对一聊天场景（批量群发）：精准是核心，先判断一篇文章哪些人喜欢，再批量一键发送。

日常客情维系中和客户聊什么？

虽然没有标准答案，但要把握住答案的核心：为客户带来收获感和价值感。

内容的载体是灵活多样的，从客情维护的时间成本上来考量，精准的批量发送是增效降本的好选择。一对一沟通内容、互动、产品服务的方式，主要有三种：

（1）多种形式的内容推送：早报、短视频、本地生活、海报等。

（2）多种形式的互动：理财类游戏、节假日活动、同屏商务演示等。

（3）多种形式的投后服务：基金投后、保险续费、贷款缴费等。

（二）一对一聊天场景包括哪些

（1）每日（周）订阅精选：为了解决如何将适合的金融理财信息传递给客户。首先，每周订阅的精选，结合客户的阅读偏好（千人千面）进行批量发送，为了不打扰客户，客户可根据标签自动退订，推送内容上包括资讯、短视频、财经知识等。资讯中强调客户喜闻乐见的本地生活资讯服务，包括但不限于优惠、活动、生活圈、本地新闻、天气、星座运势、黄历等资讯。

（2）资产投后服务：关注账户变动是每个客户的高频刚性需求。客户经理作为客户财富的大管家，只有为客户提供更优质的投后服务，才能在激烈的同质化竞争中脱颖而出。所以，定期将资产投后类信息分享给客户非常必要，投后服务内容包括：持仓账单、账户异动、产品异动、产品新闻等。

（3）客户关怀：在传统零售场景中，对贵宾的节日礼遇是非常好的客情关怀方式。数字化的客户关怀可以分为活动邀约、直播、拼团、秒杀、好友助力、砸金蛋、抽奖、刮刮卡、接龙、步数等。

（4）增值服务：为客户管理财富需要从点点滴滴细节服务中累积客户的信任，为客户提供高频的生活资讯增值服务非常重要。建立信任不仅要和客户聊理财，本地生活资讯中天气变化、便民通知等都非常重要。

（三）一对一聊天包括哪些工具

企业微信欢迎语、侧边栏快捷回复、名片、小店、批量群发助手等工具使用详情请参看本书的第六章，或者直接致电咨询 400 - 838 - 1978，由 Beta 公司的专属小贝客服为您解答。

（四）一对多（朋友圈经营）

朋友圈属于强社交平台，所以想要做好营销，我们需要经历从认知到认同，再到认购这样一个缓慢递进的过程。但是，很多人目前还依然停留在提升好友量的层面上，转化方面却没有太多质的改变。

如何才能激活这些关系，使之逐步由弱关系变成强关系，乃至最终实现付费呢？想要让消费者从被动变为主动，关键在于：欲要取之，必先予之。

首先，你得考虑一下，在朋友圈里我们能给予别人什么？这就是价值输出。你只有为用户提供有效价值，比如资讯、内容或是服务，打造出最真实的自己，以诚待人，以交朋友为出发点，方能树立起自己的个人品牌，让用户对你有一定认知。

那么，如何进行价值输出呢？我们把它分成三步走：

第1步，定位：我们是谁？

第2步，受众：我们的圈里都有谁？

第3步，内容：根据自己的能力及受众需求，制作和输出有效内容。

内容上包括：财经早报、短视频投教内容、投教海报生成工具。

工具上包括：理财师头像、微店、智能名片、朋友圈。

内容及工具使用详情请参看本书的第六章，或者直接致电咨询400-838-1978，由 Beta 公司的专属小贝客服为您解答，也可直接扫码添加 Beta 公司官方企业微信在线咨询。

欢迎咨询 Beta 工作人员：

金融从业者朋友圈中的客户有谁？通常为高净值客户或潜在的高净值客户。Beta 公司针对这类潜在的高净值客群特征，为其量身打造了一系列财经投教素材，以满足高净值客户了解财经资讯的需求，包括及时了解宏观经济、股市动

态、投资理财、国际时事、地产观察。内容紧贴客户的理财需求，实现精准营销。同时，会形成数据反馈闭环，判断客户偏好，改进金融机构经营的方式和方向，形成智能化经营。

（五）财经早报：为客户拆解财经迷局

标准版早报：每天会在后台推送 15～18 篇文章。

千人千面版早报：根据客户偏好生成每个营销人员早报。

每篇新闻篇幅长度：原文链接＋70～90 字的新闻摘要。

内容涵盖领域：

从新闻角度分类：宏观经济、股市动态、科创板、保险聚焦、投资理财、国际时事、地产观察、社会热点。

从资产类别角度分类：基金、保险、理财、贵金属、商品、私募、券商集合。

从理财师业务角度分类：理财投教、基金投教、保险投教、风险提示。

发送时间：每天早上 7 点前会定时推送精编好的财经早报内容，做到 24 小时×365 天不间断，含国庆、春节等。

定制案例：

（六）投教海报

内容定位：节日祝福、早安问候、保险、基金、理财规划小知识获客海报。

服务场景：服务客户经理每日早安问候，以图片形式传递保险、基金、理财规划小知识。

更新频率：每日更新。

内容形式：海报，支持添加金融微店、主推产品、个人名片二维码。同时客户扫码支持获得访客线索。

服务客群：沉睡客户、潜在客户。

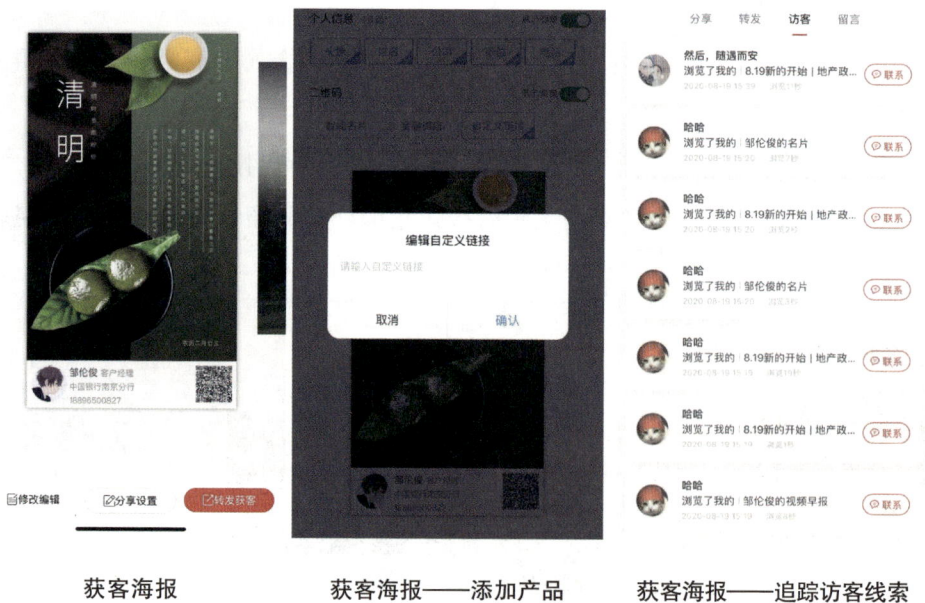

获客海报　　　　获客海报——添加产品　　　　获客海报——追踪访客线索

（七）获客短视频

内容定位：保险科普、银行话题、基金定投科普、热点、新闻。

服务场景：将热点事件、泛财经科普内容通过短视频形式传递给客户，让理财师朋友圈成为客户财富保障的小课堂。

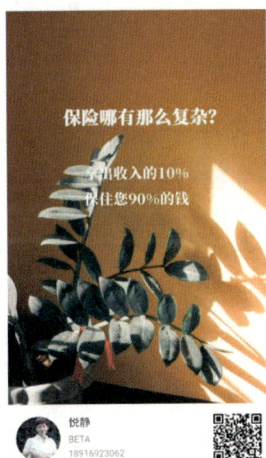

更新频率：每日更新。

内容形式：短视频，支持添加金融微店、主推金融产品、个人名片二维码，支持追踪访客线索。

服务客群：潜在客户、沉睡客户、潜在基金/保险成交客户。

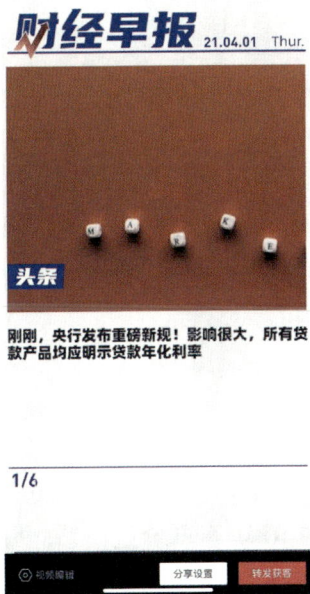

投教视频　　　　　投教视频——添加产品　　　　投教视频——追踪访客线索

（八）多对多：客群（社群）的深度经营

群经营目标，即增强客户黏度、品牌认同感，提升客户经理经营效率及产能目标，以"客群经营＋社群经营"双模式推动，融合多种服务方式，实现客户价值转化，同时总结运营经验，优化经营群运营指引群角色设置。

群角色	群职责	建议人选
群主	负责成员管理、重要事项发布、维持群服务质量	分行中台
服务管理员	负责日常客户群咨询、业务问题答疑（非投资类）	
专业管理员	专业资讯发布、产品信息发布（投资类）	
活动管理员	群活动发布、参与情况跟进、后期效果反馈	
监督员	负责群内发布信息审核，删除群成员	
群助手	群氛围正向引导	忠诚客户/小号
群成员	参与群活动	普通客户

二、金融机构如何做好零售客群运营

运营的本质是合理规划有限的资源做最大的产出，在面对多元化结构的客群经营时，客户诉求众口难调是最大的问题，而要做到雨露均沾则意味着更大的成本投入，因此筛选业务贡献值更高的客户进行分层，进行差异化经营是客群经营的整体方向。因此，整体策略采用用户分层，差异化经营。

（一）客户分层经营

客户的分层一般有两种形式：一种是按照客户自身属性进行分层，主要用于区分客户经营价值及对企业的贡献度，常见分层模型如 RFM 客户价值模型；另一种是出于某种业务目的进行分层，如用户增长、活跃度提升、产品销售，常见模型如 AARRR 增长模型。

但以上相关模型更适合应用在快消相关行业，对与金融行业适用性可能并不高，如 RFM 模型中 F（Frequency）代表消费频率，但对于产品周期较长如银行存单客户，消费频率难以作为一个有效的衡量指标。即使在证券投资中客户存在高频的交易行为，套用 RFM 模型筛选出的客户也不能代表是高价值客户，客户有可能在高频交易后损失过多本金而快速流失。

常用用户分群模型有一定借鉴意义，但是应用到具体行业和客户身上则需要从模型最底层逻辑出发，思考哪些因素会影响客户决策或状态，进而根据这些因素构建客户分层依据及相应客户模型。

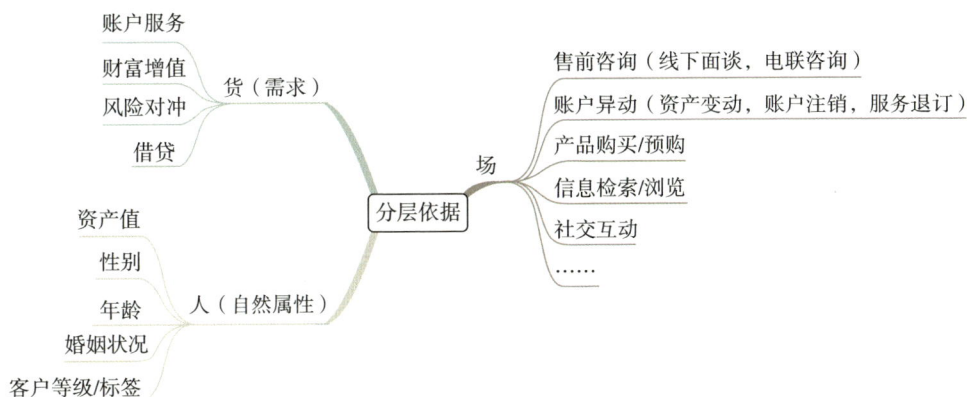

账户服务
财富增值　货（需求）
风险对冲
借贷
　　　　分层依据
资产值
性别
年龄　人（自然属性）
婚姻状况
客户等级/标签

场
售前咨询（线下面谈，电联咨询）
账户异动（资产变动，账户注销，服务退订）
产品购买/预购
信息检索/浏览
社交互动
……

在研究哪些因素可以用来作为客户分群依据时，我们可以列出业务场景下"人、货、场"。"人"即客户身份属性、资产层级、性别、年龄、婚姻状况等。"货"实际对应的是客户需求，不同产品及服务解决客户各类需求（支付、投资、货币兑换、风险对冲、现金流周转），人与货的供求关系形成了最基础的商业模式。"场"原本定义是交易发生的区域，但也可以延伸为所有与客户产生接触的场景或区域。"场"内所有发生的交互行为在一定程度上都反映了客户的需求及属性，能帮助我们更清晰地构建"人""货"的供求关系，客户产品浏览记录中的页面停留时间能直接反馈客户产品购买意愿强度，客户的转发和二度分享记录则可能代表了潜在 MGM 机会与潜在的客户。因此，场内发生的可追踪分析的行为越多越利于运营者进行"人""货"的匹配。

从实例出发，适用与金融机构零售客群的分层往往会从"人"的属性出发，其中资产属性是最关键指标。高资产是带来高贡献值的必要非充分条件，最明显的如银行会根据资产来划分客户等级，后续所有经营策略都会根据不同客户等级来细化经营，这类分层经营对应策略主要是用于延长客户生命周期。

然而，如果需要对业务增长制定用户分层经营策略则需要从更多维度去制定用户分层机制，如某银行需要做首发基金申购业务增长，在有限的营销资源下如何制定一套分层经营策略以保证产出最大化，根据基金申购的方式和营销的形式我们可以简单归纳出以下几点因素可能会影响客户的基金申购。

影响因素
- 资产余额　最低申购金额限制客户入场门槛
- APP登录次数　主要申购渠道是通过APP进行
- 近期基金购买记录及盈亏情况　有过购买记录且盈利客户更有可能复购
- 广告点击率　基金申购具有时效性，广告触达率高客户能及时在窗口期进行申购

因此，我们可以将以上各类因素进行组合对客户进行分层，得出不同特性的客户制定相应的经营策略。

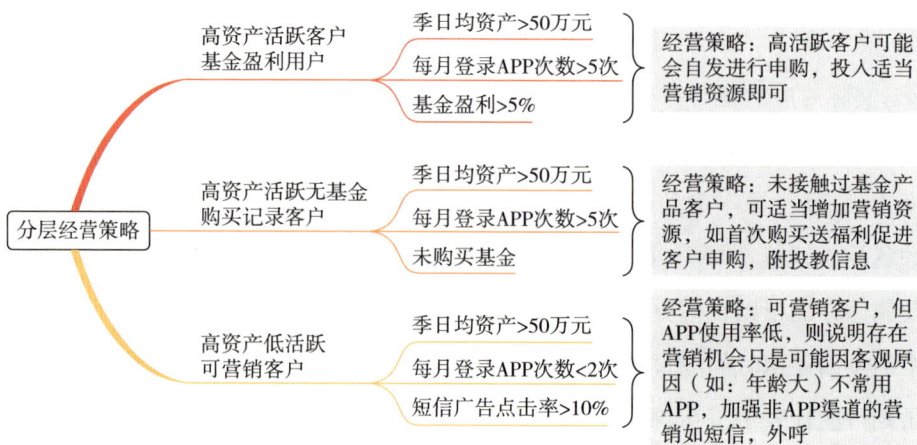

分层经营策略

高资产活跃客户基金盈利用户
- 季日均资产>50万元
- 每月登录APP次数>5次
- 基金盈利>5%
> 经营策略：高活跃客户可能会自发进行申购，投入适当营销资源即可

高资产活跃无基金购买记录客户
- 季日均资产>50万元
- 每月登录APP次数>5次
- 未购买基金
> 经营策略：未接触过基金产品客户，可适当增加营销资源，如首次购买送福利促进客户申购，附投教信息

高资产低活跃可营销客户
- 季日均资产>50万元
- 每月登录APP次数<2次
- 短信广告点击率>10%
> 经营策略：可营销客户，但APP使用率低，则说明存在营销机会只是可能因客观原因（如：年龄大）不常用APP，加强非APP渠道的营销如短信，外呼

以上经营策略因客户 APP 活跃度不同而制定了不同的渠道推广方式，又根据客户的意向强烈程度分配不同比例的营销资源，如此达到分层经营、差异化经营的效果。

（二）分层经营下的社群经营

分层经营是客户精细化运营的基础，在此基础上客户经营还需要进一步的细分，以提高客群经营产出的效率，其中社群化经营是一种常用的经营方式。客户因某些共同特质或诉求聚集在一起，可以是身份、爱好、共同的经历或地域等特质属性。

属性	社群类目
身份/职业	医生、学生、家庭主妇
爱好	广场舞、高尔夫、游戏
共同的经历/参与的活动	马拉松活动、演唱会后援团
地域	同乡会、物业群
同一目的	减肥督促、英语学习、拼多多团购

案例： 笔者所在银行曾围绕广场舞这种中老年娱乐活动开展活动，由总行牵头在全国范围内开展广场舞大赛，分支行在各自辖区范围内组织客户参赛，客户经理协助组建赛事组织群（供客户广场舞组队）、广场舞教学群（当地舞蹈老师线上教学），通过活动带动了社群的活跃，促进客户经理与客户的交流，而后续通过场外拉票的活动形式促使广场舞客户通过微信等渠道向身边朋友、亲人分享活动信息，为银行带来了新客户的营销机会。在持续三个月的赛程中，客户经理陪伴式的服务拉近了与客户的关系，这些社群主要以微信群的形式存在，即使在赛事活动结束后依然有较高的活跃度，营销性活动结束了，但客户的日常娱乐活动会长期地持续，客户经理依然可以通过微信群与客户保持良好的互动，对于银行来说客户长期地沉淀在一个触达成本较低的渠道中，有利于后续的营销开展。

通过广场舞的案例可以看出社群经营可以有效带来更多的用户接触机会，但同时也为经营者带来了许多挑战，如管理好一个人数众多、信息繁杂的微信群需要借助有效管理工具。Beta 通过群活码帮助群经营者自动分流建群，让每个群保持在既定的规模内，而群机器人、内容质检工具则可以有效地帮助群主管控群聊言论或发现有价值的信息。

自动拉群

一键拉群：按照客户标签、添加时间、添加来源等条件筛选后，将筛选客户一键拉进群内，无须发送入群邀请

标签建群：建群后，会给客户群发入群邀请，使同一特征的客户都在同一个群内

渠道活码：一个二维码，可以后台切换多个群，无须频繁切换二维码，重新制作海报

自动回复（群机器人）

通过搭建丰富的图文音频素材库，不定期为客户发去祝福，不断触达客户

支持微信多群同步推送、定时内容发布

定时发送支持消息智能回复、智能入群欢迎语

支持微信多群聊天消息集中管理

支持群积分任务、群积分兑换商品

客户群提醒

违规提醒

商机提醒

• 群行为提醒

目前支持检测发送带二维码图片、链接、小程序、名片行为

• 关键词提醒

可添加需要检测的关键词，客户在群聊中发送关键词后提醒

除此之外，如何丰富用户的群结构，让每一个用户都能找到与之契合的客户群体进行批量经营也是社群经营重要目标，Beta 作为一家数据与算法驱动的财富数字科技服务平台，依托海量金融数据和标签图谱，服务了大量金融机构及独立理财师，在此期间积累了 7500 万高净值客户的行为标签数据，AI 行为分析可有效帮助运营者完善客户数据画像，同时对于不同客户利用 Beta 的社群经营工具可以做到千人千面的信息分发，批量经营，让运营者提高经营效率，真正做到高效的客群分层经营，差异化经营。

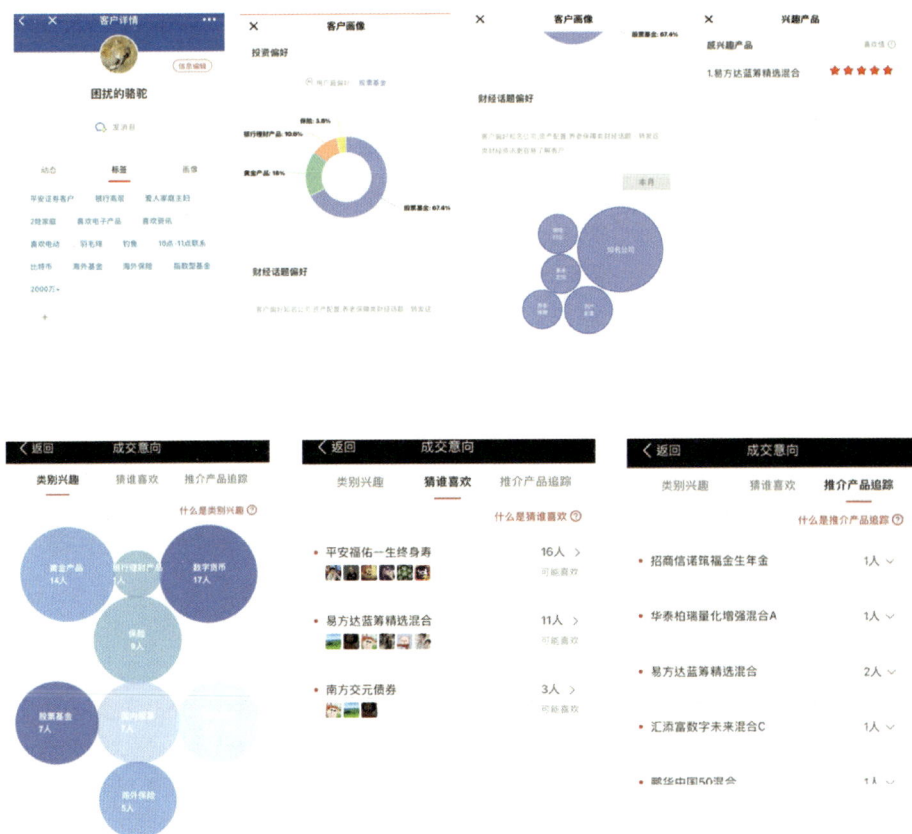

三、金融行业如何玩转企微社群

微信把人变成网点，但金融机构尚未找到营销服务抓手，金融机构在微信营销上最大的掣肘是合规管控问题。而企业微信金融版的诞生，实现了内外打通并满足合规性要求，会话存档功能及内外部的打通为重构金融行业的 SCRM 注入了新动能。

个人微信与企业微信的功能区别如下表所示：

场景	功能	个人微信	企业微信
定位	产品定位	满足个人用户的社交需求	满足企业营销需求
	产品功能	即时通讯、分享生活	用于工作
身份展示	用户身份展示	微信号、微信签名	展示企业官网、获客内容、名片等自定义内容
	企业统一身份标识	无	企业统一身份标识，增强信任感
好友添加	加好友方式	手机号、微信号、二维码添加	手机号、二维码添加（可设置永久活码）
	加好友路径	被添加用户的通讯录中显示邀请通知，点击即可添加	被添加用户的服务通知中显示邀请通知，点击后需扫码添加
	好友权限	最高上限 5000 人	最高上限 20000 人
好友触达	朋友圈	没有限制	员工每个客户每天 1 条，企业每月 4 条
	消息群发	次数无限制，群发人数单次限制 200 人	单个客户 1 天内仅可接收 1 次群发消息，人数没有限制。可选全部客户，无须分批
	新好友欢迎语	无	可自定义
	快捷回复	无	可自定义

续表

场景	功能	个人微信	企业微信
企业资源管理	好友共享	无	成员可将自己的客户共享给其他成员；管理员可将所有成员添加的客户共享给其他成员
	客户自动分配	无	支持
	离职员工客户转移	无	支持
	离职员工微信群转移	无	支持
	在职员工客户共享	无	支持
	微信号隐号	无	支持
精细化管理	活码	无	支持
	标签	无	支持
社群管理	进群方式	扫码、邀请	扫码、邀请；可支持自动拉群、标签拉群
	社群管理	无，需借助第三方工具	机器人助理、关键词监控、群成员去重、自动踢人、防广告、防骚扰；群活码
数据统计	数据统计	无	联系客户数据、群聊数据；支持客户需求数据、客户偏好数据，在微信生态内全打通，并与CRM无缝对接
红包	微信红包封面（定制）	统一封面	企业定制封面
设备及账号	企业配工作手机	通常需要	不需要
	企业配手机号	通常需要	不需要
	企业申请微信号	通常需要	不需要

（一）为什么要做企业微信社群

社群有这样一个根本目的：集中流量，高频转化。

整个互联网就是一个大的流量池，我们将其比喻成公海，私域流量就相当于自己圈的池塘，池塘圈的有多大，取决于我们用的方法，而社群就是我们打造这个生态池塘最高效的方式。

同线下的社团一样，本质是人们根据共同的爱好或为了某种需求聚集在一起；线上具有高效、系统的特性依旧没有变化，只不过环境变成了社群，方式变成了文字、语音、视频。

——用户影响用户的金字塔模式

创造群体效应，增加用户黏性和转化概率。

很多人会觉得我有用户好友，有手机就行了，为什么还要做社群？这就要说到社群特有的群体效应，其主要包含五个方面：

（1）助长效应：群体对成员有促进、提高效率的效应。

（2）致弱效应：群体对个体的行为能带来积极的效应，同时也会带来消极的效应。

（3）趋同效应：个体在群体规范效应下，缩短差距，而趋向于相同的意见、观点和行为倾向。

（4）从众效应：个体在群体的压力下，改变自己的观点，在意见和行为上保持与群体其他成员一致的现象。

（5）堕化效应：个体在群体中的工作成果不如单独一个人工作时那么好的一种倾向。

以上五个效应是做社群运营时活跃用户、转化用户的关键因素。比如让用户在群内分享购买的理财产品利用的是趋同效应；让用户主动提问利用的是助长效应；在群内相互晒收益截图，以此影响其他用户的购买决策，利用的就是从众效应。

但群体效应也是一把"双刃剑"，如果运营把控不当可能还会产生负面影响，因此 Beta 会使用大群做活跃、小群做转化的方式，分群运营，尽量将产品相关的话题引导到小群以防负面。

（二）金融机构做社群的优势

比起民间的"自媒体"，因为有严格的合规监管，银行等金融机构更具有专业性、权威性。金融机构发布的内容更可信，而且"踩雷"的概率更低。这是基于影响力六要素中"权威"要素的使用逻辑，其本质是信任传递，就是把权威"自带信任"的性质转移到产品上，从而影响用户心理。

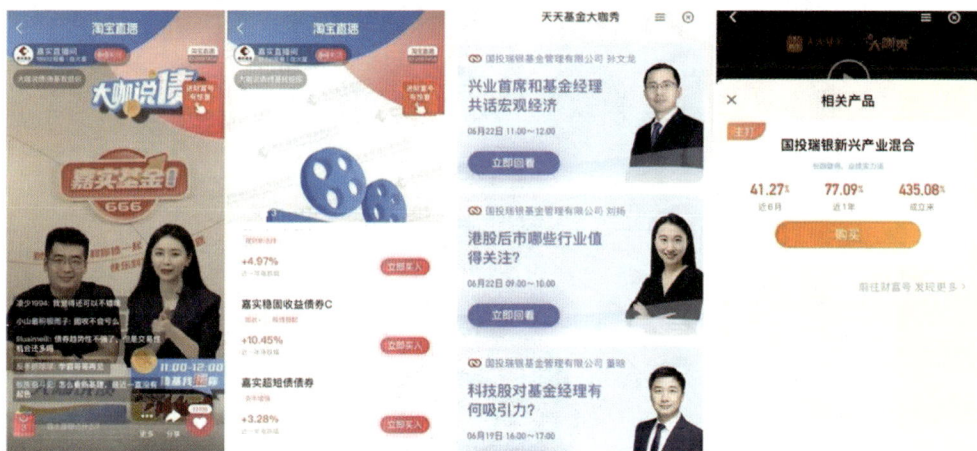

打造专业化内容，降低用户决策成本。

如今所有人共同的需求：学习、赚钱、学习赚钱。金融机构做起理财类社群，会事半功倍，而且可以通过内容的专业化来降低用户决策成本。

在社群运营中，这种专业化体现在两个方面。

一是专家/老师的专业化，理财类社群内一般会有一个专家或老师的角色，这个老师需要是领域内的专家或大咖。在外人看来，金融机构内大都是高才生、名校的金融系硕士，有较强的专业背景，容易让人信服。

二是体系的专业化，在用户刚接触公司社群时，是通过体系的呈现来感知的，社群体系越系统、越合理，用户买单的可能性才越大。金融机构大都有完善的公司背景、制度、话术、合规的产品及平台，自带信任光环。

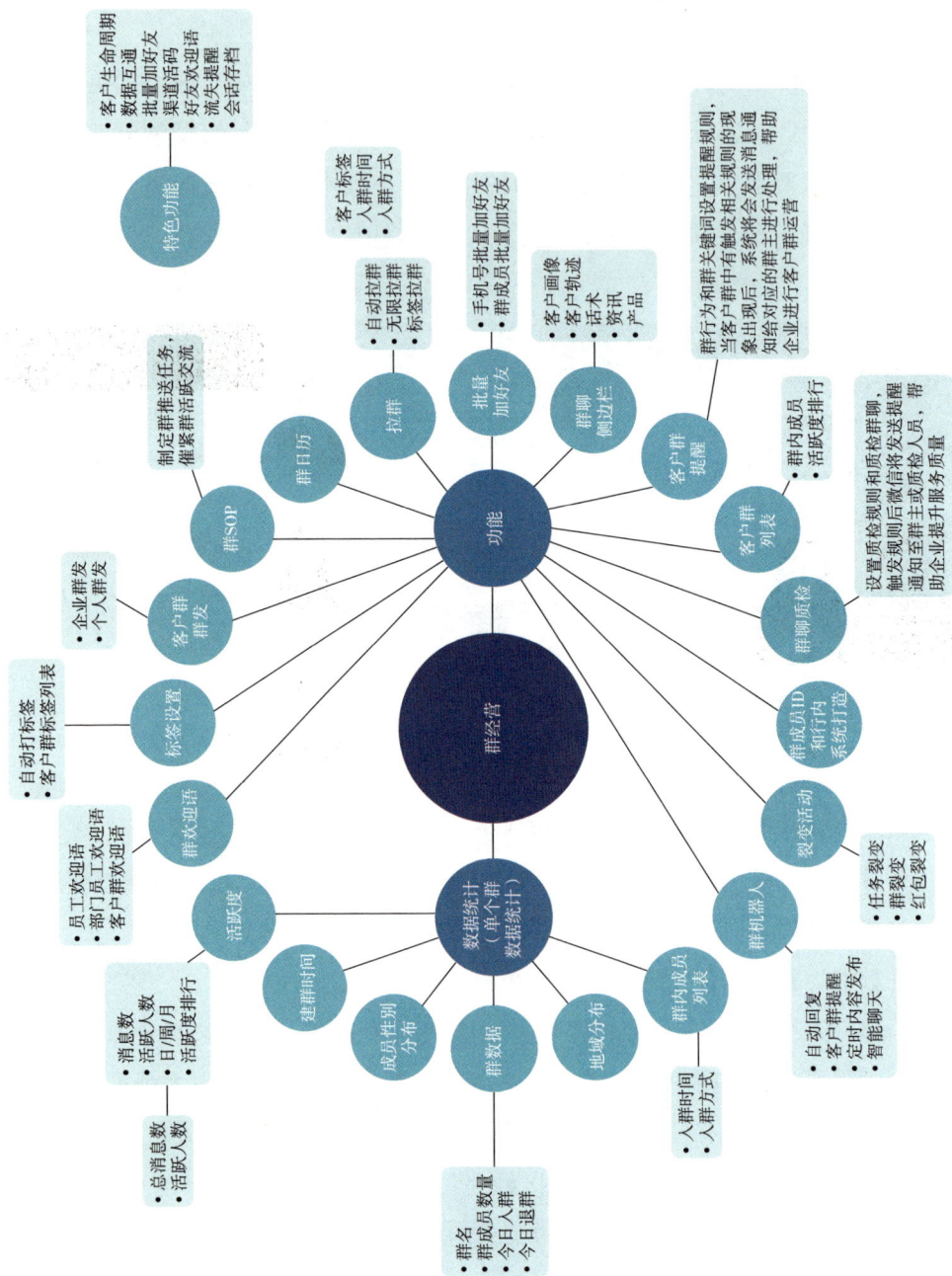

群经营

特色功能
- 客户生命周期
- 数据互通
- 批量加好友
- 好友欢迎提醒
- 渠道活码
- 流失提醒
- 会话存档

功能

批量加好友
- 手机号批量加好友
- 群成员批量加好友

拉群
- 自动拉群
- 无限拉群
- 标签拉群

群日历

群SOP
- 制定群推送任务，
- 催素群活跃交流

客户群发
- 企业群发
- 个人群发

标签设置
- 自动打标签
- 客户群标签列表

群欢迎语
- 员工欢迎语
- 部门员工欢迎语
- 客户群欢迎语

客户标签
- 客户标签
- 人群时间
- 人群方式

群聊侧边栏
- 客户画像
- 客户轨迹
- 话术
- 资讯
- 产品

客户群提醒
群行为和群关键词设置提醒规则，当客户群中有触发相关规则的现象出现后，系统将会发送消息通知给对应的群主进行处理，帮助企业进行客户群运营

客户群列表
- 群内成员
- 活跃度排行

群聊质检
设置质检规则和质检群聊，触发质检规则后微信将发送提醒通知至群或质检人员，帮助企业提升服务质量

群机器人
- 自动回复
- 客户群提醒
- 定时内容发布
- 智能群聊

裂变活动
- 任务裂变
- 群裂变
- 红包裂变

群成员ID和行内系统打通
- 群成员ID和行内系统打通

数据统计（单个群数据统计）

活跃度
- 消息数
- 活跃人数
- 日/周/月
- 活跃度排行
- 总消息数
- 活跃人数

建群时间

成员性别分布

群数据
- 群名
- 群成员数量
- 今日入群
- 今日退群

地域分布

群内成员列表
- 入群时间
- 入群方式

（三）如何做企微社群

1. 工具

"工欲善其事，必先利其器。"社群运营工具是必不可少的，Beta社群功能主要分为三大类。

（1）营销类：

个性化入群欢迎语、群标签设置、定时群发消息、群SOP设置、群聊侧边栏（内容推荐）、群互动。

（2）数据分析类：

群标签、群画像、群数据管理、客户生命周期管理、客户流失提醒、群日历。

（3）AI智能类：

自动拉群、自动回复（群机器人）、客户群提醒（违规提醒、商机提醒）。

2. 内容

Beta拥有图片、文字、音频、短视频、活动、游戏、直播各种形式的丰富内容，整体把握两个原则：

（1）强规则性：

所谓强规则性就是群内成员必须遵循一定规则行事，否则将受到惩罚，在训练营的社群里，规则一般分为如下两个方面：①保证社群体验的规则，即禁止群内成员发广告，禁止成员间聊与本群主题无关的内容；②保护社群信任的规则，即禁止冒充群主发布消息，禁止私下添加群内全部成员为好友。

（2）氛围培养：

什么叫氛围？个人认为最核心的表现是群成员能主动发起关于本群主题内容的话题和讨论，就像班级里的学生能主动向老师提问，同事朋友间自由讨论一样。

但是，这一点对于刚组建的短期社群来讲难度太大，即使群的内容非常切中用户痛点，这种引起自发性讨论的概率也不会太大，所以就需要有策略的话题引导和分享激励。

3. 方法

（1）拉新。

1）个人号起盘。

个人号起盘的方式很简单，从公众号、微信群引流到个人号进行裂变，或者直接拉入微信群。

采用个人号起盘时，可以使用两个动作：一个是提前告知、简要安排，让用户第一时间就清楚干什么；另一个是发布测试链接，测试用户水平，然后拉入不同的群，提前分层运营，这样可以保证后期的转化精准高效。

2）社群起盘。

社群起盘是另一种常用方式，从渠道引流到微信群后，提醒群内用户转发或者直接邀请好友。通过转发审核的人会被拉入正式群，这其实产生了相对较好的体验，对后期的留存转化更有帮助。

（2）激活。

1）进群引导。

用户进群后，必须第一时间告知这个群是干什么的，有什么要求，需要做什么，不然用户容易沉默，甚至流失。

2）群内容。

用户进群后，为了能进一步提升留存和转化率，会给用户发些福利。一般来说，发放的福利有红包、优惠券、一元抢购、免费课程等。触发福利需要回复关键词领取，或添加个人号领取。

（3）转化。

金融行业社群的转化，一定要进行用户分群，比如按小白、基金、股票、房产对这些群进行分类，目的是便于定期向群内推送，达到更高效精准的转化效果。

在客户问答、直播、产品推荐、讲课环节，用户的转化工作就可以进行，同时可以利用一对一私聊、朋友圈剧本、群托晒收益等方式进行引导转化。

4. 投后陪伴

购买产品后，为了使用户有传播的欲望，可以给予用户专属的售后客服、身份标识、荣誉激励等，同时也可以生成专属的海报鼓励客户去朋友圈转发新闻、知识、收益等。

四、游戏化运营，让营销高效而有趣

爱玩是人的天性，一款好玩的游戏产品，天生就会具备高黏性和高活跃的特质，如何结合金融场景在游戏上做玩法的创新和差异化，有效地引入客户流量提高产能，是金融机构需要去深思、研究的重要运营工具之一。

下面三个是活动游戏化运营重要的突破方向：

（1）获客：通过游戏化运营快速实现用户新增、促活和转化、裂变。

（2）互动：通过游戏作为媒介，与客户塑造互动感知，提升老客留存、复购和回流。

（3）运营：通过游戏达到客户行为数据收集、分析，更全面了解客户偏好画像，有更精准的营销线索。

（一）Beta 游戏运营在金融行业的结合场景

1. 结合 Beta 的各项特色化功能，嵌入游戏化运营助力营销场景

基于"金融微店""财经早报""财经资讯"等渠道营销场景，结合"互动活动、游戏"形式，助力金融机构完成线上线下获客、促活、转化等增长战略，助力金融机构的营销赋能。目前，其已经广泛应用于银行、保险、券商等金融机构的展业和运营。

2. 游戏化运营，是能够丰富营销过程中"人、货、场"中的"场"

可以通过各种各样的游戏玩法，构建出一个活跃的场景，让用户在这个游戏场景内持续地投入，也就是保持活跃，通过这种形式创造尽可能多的营销空间，最终目的都是为了提升营收的增长。

3. 在社群中，我们要设立有趣的"游戏"机制

培训常用的是 PK，也就是竞争。纵观我们常玩的小游戏，不是竞争类的，就是养成互助类的，原则上都是让大家不仅关注自己，还能关注他人的进度。设立奖罚和 PK，就是让自己有个参照组，产生良性竞争。设立目标通关，则是让自己代入感强烈，产生情绪上的共鸣。目前，群运营在各大金融机构里面都是获客、活客的重要渠道之一，如果我们在社群中运用徽章、奖状的方式去激励大家，也是搭建了游戏中的反馈机制，帮助销售有机制地、有竞争性地展开趣味营销。

游戏、活动对金融机构营销客户的价值

● **游戏、活动连接企业与用户形成契约关系**

> 游戏本质是在企业和用户之间建立一种自由自主的契约关系，促使企业和用户产生持续的连接感

● **及时激励用户，让用户获得满足和愉悦**

> 企业通过游戏、活动机制对用户的行为进行有规则的实时的反馈激励，用户通过这种激励获得满足和愉悦

● **实现机构和客户价值统一**

> 游戏、活动作为纽带，最终实现用户价值和企业价值的持续统一

满意度	愉悦感	喜欢认同
有用 游戏有价值，可以带来现实价值——权益获取	**有趣** 能给用户带来愉悦感——身心放松/娱乐	**有爱** 情怀，文化与情感的共鸣点——形成品牌认同感

金融场景互动实例分析：

替代线下营销模式（电销、随访）	替代线下问询模式（问卷、问答）	解决金融行业用户转化痛点（用户转化率依赖个人能力）
线上营销互动游戏（微信、企微、APP社群口碑转发） ——	游戏用户数据分析（用户转化倾向分析、资料软性收集） ——	助力金融企业用户转化（通过精准用户画像分析、筛选，有效提升用户转化）

（二）Beta 游戏化运营方案与金融业务场景顺畅衔接

活动目的分类：拉新、活跃、客户裂变、产品交易、网点引流、投教达成。

用户管理型	· 拉新：红包雨、大转盘 · 促活：每日签到、IP养成、趣味集卡 · 挽留：砸金蛋、0元购	①活动形式简单易参与 ②奖励有一定吸引力 ③有一定周期性，可持续参与
产品销售型	· 基金销售：夺宝闯关、趣味问答 · 理财销售：财富人生、砸金蛋 · 贷款：大转盘、0元购	①开展时机与市场行情结合紧密 ②奖励呈现阶梯型，短期内具有暴发性奖励，吸引用户投资
拉新活跃型	· 借记卡/信用卡办理：红包雨、砸金蛋、0元拼团 · 风险测评：趣味集卡 · 电子政务（ETC，医保）：财富人生、快问快答	①活动形式较强的结合业务形态或服务功能 ②长期性细水长流的活动，维持用户长久黏性培养使用习惯
品牌宣传型	· 品牌公关宣传：女神节口红机、圣诞暴击	①体现企业形象，传播企业文化 ②趣味性强，较强的传播性
投资者教育	· 投资观念教育：财富人生、口令接龙 · 风险知识科普：快问快答、趣味集卡	①场景化活动，强调用户代入感，有操作性 ②强调知识分享，让用户获得成就感

1. 结合 Beta 的内容版块嵌入游戏场景

支持财经早报、财经资讯、微信互动嵌入互动活动与游戏。

2. 游戏类别以及案例

节庆分类：提供全年的节点热点营销活动（1～12 月）。

支持运营者后台自行配置规则、奖品，并上架活动；针对每个模板提供多款优质游戏，以供运营者快速一键上架使用。

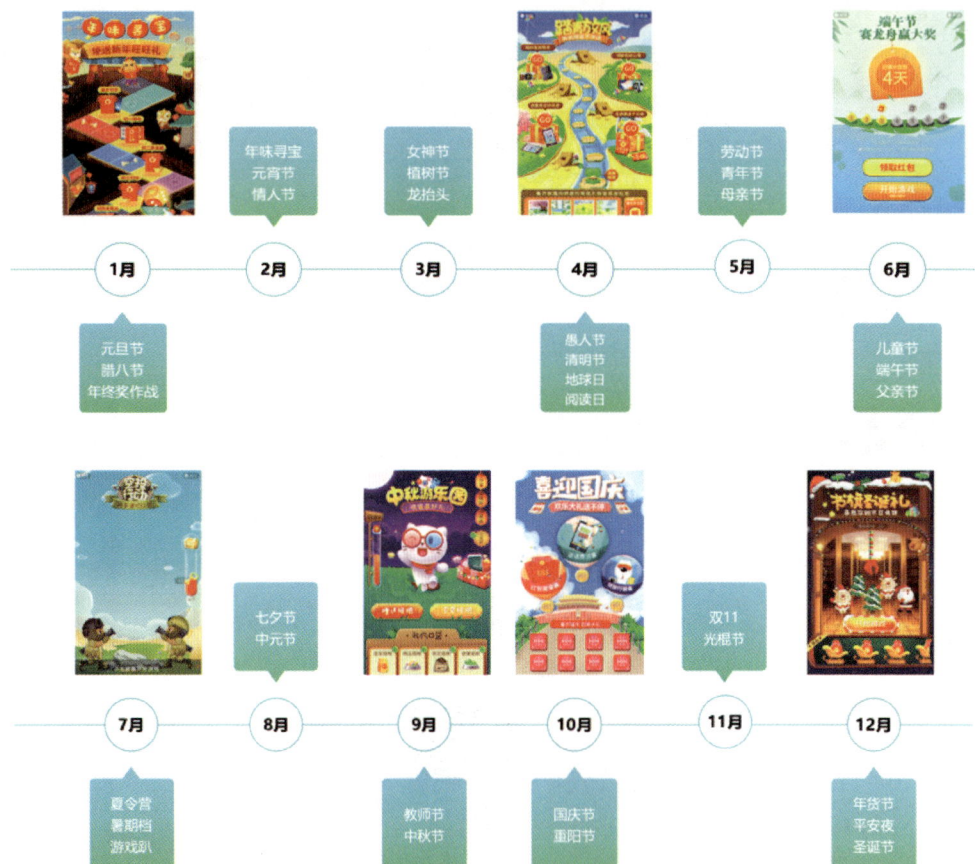

活动案例：【3.8 女神节】幸运口红机

活动玩法：用户在 3 月 8 日女神节当天在规定时间登录活动页面可参与口红闯关游戏，用户将口红精准射入水果中并不重复，即可获得现金红包、话费红包、实物奖励、优惠券等福利。

触达渠道：客户经理转发、客户裂变、公众号、直播、手机 APP 活动等。

收益：客户裂变、日活、月活、新用户注册、用户认证、产品交易、网点引流、投教达成等。

亮点：口红机接受度高，趣味性强，适合过年过节面向群体投放；口红机适合短期内引爆 DAU（日活跃用户数量），适合节日期间拉新。

【3.8女神节】幸运口红机

活动玩法

- 用户在3月8日女神节当天在规定时间登录活动页面可参与口红闯关游戏，用户将口红精准射入水果中并不重复，即可获得现金红包、话费红包、实物奖励、优惠券等福利

触达渠道

- 客户经理转发/客户裂变/公众号/直播/手机APP活动等

收益

- 客户裂变/日活/月活/新用户注册/用户认证/产品交易/网点引流/投教达成等

亮点

- 口红机接受度高，趣味性强，适合过年过节面向群体投放;
- 口红机适合短期内引爆DAU，适合节日期间拉新

活动案例：【中秋节】测测你是哪款月饼

活动玩法：设置性格测试环节，将用户性格与月饼关联，增加给好友送祝福的场景，"自我表达＋送福"双环节推动用户分享。

触达渠道：客户经理转发、客户裂变、公众号、直播、手机 APP 活动等。

收益：客户裂变、日活、月活、新用户注册、用户认证、产品交易、网点引流、投教达成等。

亮点：节日热点强结合，提升活动影响力；设置亲情账本，为其他业务引流，提升活跃度。

数据沉淀：参与率83%以上，用户分享率15%以上。

▌【中秋节】测测你是哪款月饼

活动玩法

- 设置性格测试环节，将用户性格与月饼关联，增加给好友送祝福的场景，自我表达+送福双环节推动用户分享

触达渠道

- 客户经理转发/客户裂变/公众号/直播/手机APP活动等

收益

- 客户裂变/日活/月活/新用户注册/用户认证/产品交易/网点引流/投教达成等

亮点

- 节日热点强结合，提升活动影响力
- 设置亲情账本，为其他业务引流，提升活跃度
- 数据沉淀:参与率 83%+，用户分享率 15%+

活动案例:【客户拉新、裂变】游戏

活动玩法:用户邀请好友参与拼团，拼团成功则用户及其好友都能获得优惠奖励;拼团不成功则将用户预先支付的金额退回并邀请用户参与到其他拼团组队中。

触达渠道:客户经理转发、客户裂变、公众号、直播、手机 APP 活动等。

收益:客户裂变、日活、月活、新用户注册、用户认证、产品交易、网点引流、投教达成等。

▌好友拼团

活动玩法

- 用户邀请好友参与拼团，拼团成功则用户及其好友都能获得优惠奖励
- 如拼团不成功则将用户预先支付的金额退回并邀请用户参与到其他拼团组队中

触达渠道

- 客户经理转发/客户裂变/公众号/直播/手机APP活动等

收益

- 客户裂变/日活/月活/新用户注册/用户认证/产品交易/网点引流/投教达成等

亮点

- 好友形式用户体验简单直接，参与意愿高，能有效激活用户的朋友圈好友
- 好友接力式玩法，鼓励用户持续分享裂变，拉新效果显著

| 开心农场 | 消消乐 | 飞机大战 | 种摇钱树 |

亮点：好友形式用户体验简单直接，参与意愿高，能有效激活用户的朋友圈好友；好友接力式玩法，鼓励用户持续分享裂变，拉新效果显著。

活动案例：【产品交易】游戏

活动玩法：用户每天有 2 次免费机会参与大转盘抽奖，中奖后可联系客户经理领取奖品；免费机会用完，引导用户分享朋友圈，好友助力可增加抽奖机会。

触达渠道：客户经理转发、客户裂变、公众号、直播、手机 APP 活动等。

收益：客户裂变、日活、月活、新用户注册、用户认证、产品交易、网点引流、投教达成等。

亮点：大转盘形式用户体验简单直接，参与意愿高，参与率达 90% 以上，不同等级奖励，鼓励用户持续分享裂变，拉新效果显著。

活动案例：【网点引流】游戏

活动玩法：用户每天有 1 次免费机会参与答题，答对特定数量题目即为通关成功，通关后可联系客户经理领取奖品，免费机会用完，引导用户分享朋友圈，好友助力可增加答题机会。

触达渠道：客户经理转发、客户裂变、公众号、直播、手机 APP 活动等。

收益：客户裂变、日活、月活、新用户注册、用户认证、产品交易、网点引流、投教达成等。

亮点：题目和本行产品、服务、投教相结合，推广产品与服务的同时，吸引潜在客户群转化；利用奖品和趣味性驱动用户进行参与和分享，鼓励用户持续分享裂变，拉新效果显著。

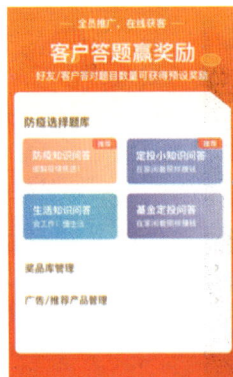

活动玩法

- 用户每天有1次免费机会参与答题，答对特定数量题目即为通关成功，通关后可联系客户经理领取奖品
- 免费机会用完，引导用户分享朋友圈，好友助力可增加答题机会

触达渠道

- 客户经理转发/客户裂变/公众号/直播/手机APP活动等

收益

- 客户裂变/日活/月活/新用户注册/用户认证/产品交易/网点引流/投教达成等

亮点

- 题目和本行产品、服务、投教相结合，推广产品与服务的同时，吸引潜在客户群转化
- 利用奖品和趣味性驱动用户进行参与和分享，鼓励用户持续分享裂变，拉新效果显著

活动案例：【投教类】游戏

任务分发　轻型投教　客情维系

理财PK　理财规划　模拟体验金　积分商城　持续循环转化

节日祝福　养成游戏　表白客户经理

活动案例：【客情维系类】游戏

活动玩法：用户在法定节假日期间，每天规定时间登录活动页面可获得红包雨福利，用户通过红包雨可获得现金红包、话费红包、实物奖励、优惠券等福利。

幸福红包雨

活动玩法

- 用户在法定节假日期间，每天规定时间登录活动页面可获得红包雨福利，用户通过红包雨可获得现金红包、话费红包、实物奖励、优惠券等福利

触达渠道

- 客户经理转发/客户裂变/公众号/直播/手机APP活动等

收益

- 客户裂变/日活/月活/新用户注册/用户认证/产品交易/网点引流/投教达成等

亮点

- 红包雨玩法接受度高，趣味性强，适合过年过节面向群体投放；

- 红包雨适合短期内引爆DAU，适合节日期间拉新触达渠道：客户经理转发、客户裂变、公众号、直播、手机 APP 活动等。

收益：客户裂变、日活、月活、新用户注册、用户认证、产品交易、网点引流、投教达成等。

亮点：红包雨玩法接受度高，趣味性强，适合过年过节面向群体投放；红包雨适合短期内引爆 DAU（日活跃用户数量），适合节日期间拉新。

活动案例：【客情互动类】游戏

游戏玩法：以大富翁掷骰子的模式开展，客户掷骰子走到某一步，会触发一个固定的场景，场景内容设置与资产配置相融合，进行投资者教育完成 1～4 个任务可抽取月度好礼。

触达渠道：客户经理转发、客户裂变、公众号、直播、手机 APP 活动等。

收益：客户裂变、日活、月活、新用户注册、用户认证、产品交易、网点引流、投教达成等。

亮点：客户对其游戏虚拟资产进行资产配置，通过一系列不同的场景（金融风暴、股市大涨、黄金大涨、遇到风险事件等）及任务（活动链接分享、MGM 等）。

▋萌宠寻游记

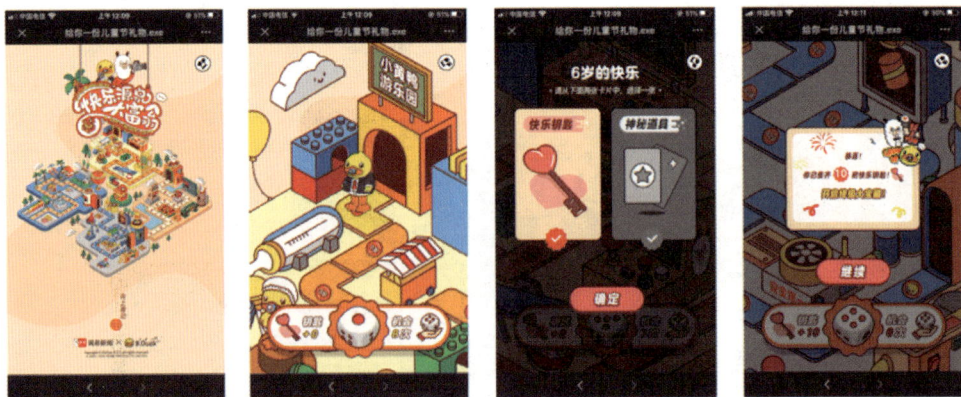

（三）Beta 游戏后台设置和数据管理

1. 后台管理模块——活动/游戏自定义配置

快速灵活配置：一个游戏仅需7步最快3分钟即可上线

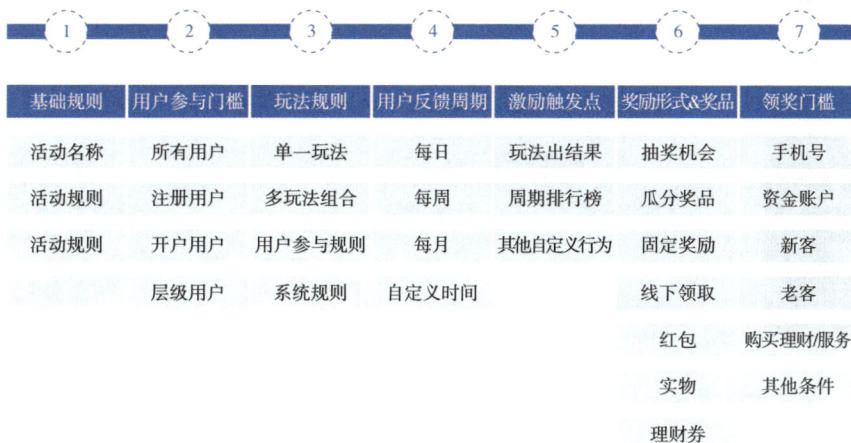

①　　②　　③　　④　　⑤　　⑥　　⑦

基础规则	用户参与门槛	玩法规则	用户反馈周期	激励触发点	奖励形式&奖品	领奖门槛
活动名称	所有用户	单一玩法	每日	玩法出结果	抽奖机会	手机号
活动规则	注册用户	多玩法组合	每周	周期排行榜	瓜分奖品	资金账户
活动规则	开户用户	用户参与规则	每月	其他自定义行为	固定奖励	新客
	层级用户	系统规则	自定义时间		线下领取	老客
					红包	购买理财/服务
					实物	其他条件
					理财券	

可以在后台自定义游戏的配置，自定义配置 = 选择组件内容 + 页面内容配置，操作页面如下：

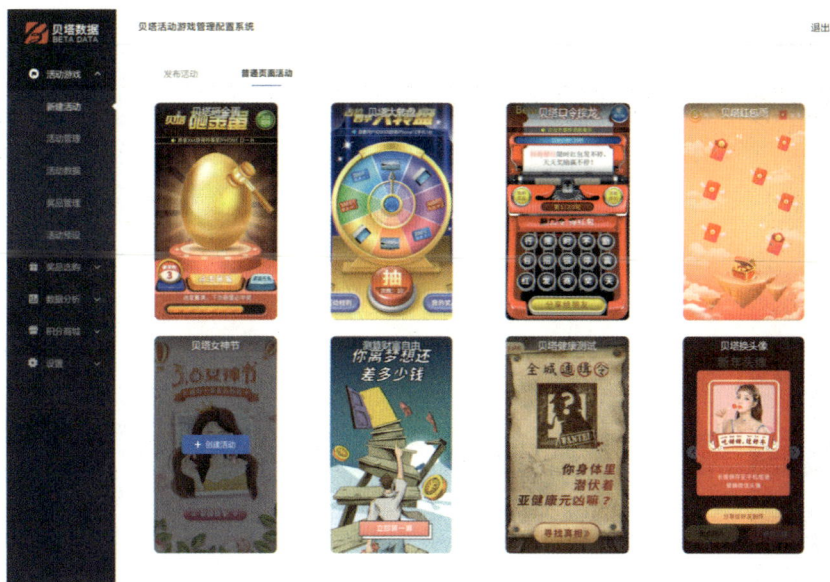

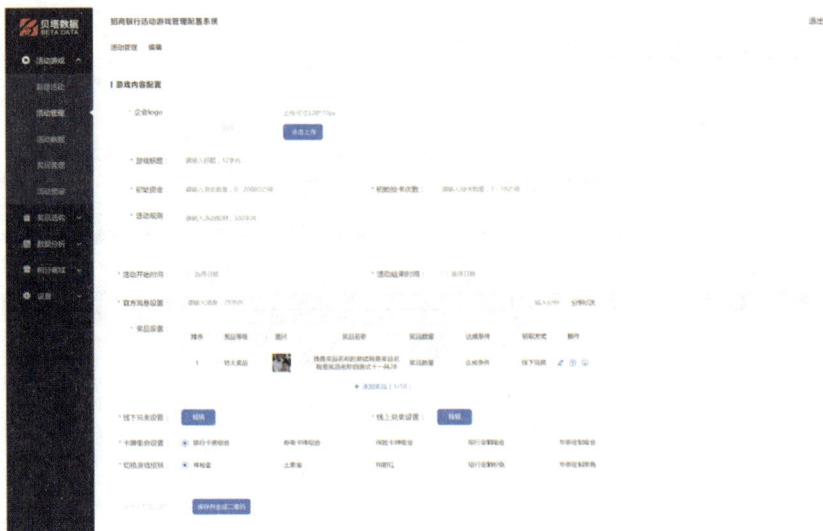

2. 后台管理模块——数据管理

Beta 有全面的数据管理后台，可以实时更新游戏点击、活动的数据，让业务人员对客户点击游戏的行为、兴趣等数据有可视化的呈现，具体数据管理页面如下：

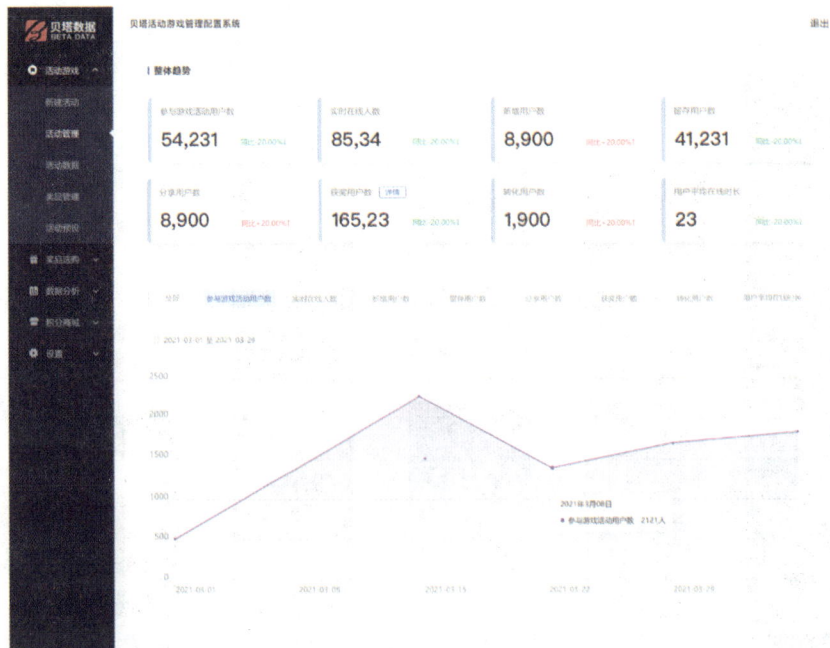

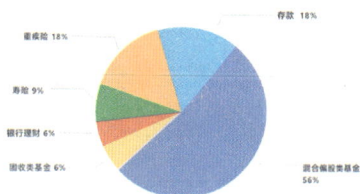

贝塔活动游戏管理配置系统　　　　　　　　　　　　　　　　　　　　　　　　　退出

Ⅰ 混合偏股型基金转化详情

| 购买力： | 全部 | 性别 | 全部 | 年龄： | 全部 | 地域： | 全部 |

导出格式：　Excel表格　　**导出**

序号	微信/企业微信名	购买力	性别	年龄	地区	电话	邮箱	参与活动游戏	用户画像
1	Franklin Moore	5万以下	男	34	辽源市	13990528626	panpol@tetji.fo	财富人生、大转盘	查看
2	Stephen Mason	5万~50万	女	35	石家庄市	14458176400	aw@ze.np	大转盘	查看
3	Cornelia Black	50万~500万	男	59	青岛市	14882516398	fafneket@mokd i.fk	财富人生	查看
4	Noah Cunningham	500万~1000万	男	41	银川市	14812373886	bi@liracus.hn	红包雨	查看
5	Myrtle Coleman	1000万以上	男	34	淮安市	15581060862	zade@kela.gu	财富人生、大转盘	查看
6	Maud Moss	50万~500万	女	13	天津市	18568745059	te@kid.kp	大转盘	查看
7	Tony McKenzie	5万以下	男	34	济宁市	13763655263	abacawag@sasa mji.cg	红包雨	查看
8	Maud Williamson	5万以下	女	34	衢州市	17911495908	unhe@zah.sl	红包雨	查看
9	Eric Morrison	50万~500万	男	27	荆州市	14879987797	emhol@pawgep wf	大转盘	查看
10	Russell Gordon	5万以下	女	24	湛江市	18387561404	ogrisa@elu.vn	财富人生	查看

1　2　3　4　5　6　7　8　9　10　...　50　>

贝塔活动游戏管理配置系统　　　　　　　　　　　　　　　　　　　　　　　　　退出

Ⅰ 用户信息

标签：　混合偏股型基金

姓名：孙博文　　微信：13918765212　　电话：13918765212　　地址：江西省南昌市西湖区抚阳大道755号

获奖游戏：财富人生、大转盘、红包雨 详情　　获奖奖品：iphone 12、京东券20元 详情　　获奖次数：8

Ⅰ 用户画像

Ⅰ 购买力
评分（最高5分）：**5分**

风险承受力
评分：**4分**

线下阅读概率
评分：**3分**

金融产品兴趣
评分：**5分**

金融投资概率
评分：**3分**

Ⅰ 产品偏好

- 存款 18%
- 重疾险 18%
- 寿险 9%
- 银行理财 6%
- 固收类基金 6%
- 混合偏股类基金 56%

五、场景及场景思维提升互动经营效能

场景定义：营销者建构特定的场景，使消费者与产品产生联系。

（一）场景和场景思维

线上与线下的融合，零售银行数字化的转型避不开的一个词语就是场景。"场"从原先的场地演变成为"场景"，就是那些能够促成交易转化的触点。让我们再一次从零售银行的"人、货、场"的角度去深入阐述。

人：零售银行展业过程中的人，在线下时代表现为客户和理财经理，在线上时代表现为终端用户、金融小店用户和在线展业的理财经理。

"人"的定位与分层，通常包括按照可投资产、年龄、客群、风险偏好等划分。其中，黏性用户主要是指普通消费者中更活跃、更善于分享、更爱沟通的那一部分人群。他们对某类事物具有显著成交特征，乐于将购买或感兴趣的金融产品、服务，分享给亲朋好友或者网友，并拥有较强的号召力。

货：零售银行中的"货"就是指金融产品/服务。其包括：投资理财、财富传承、养老规划，甚至是子女的海外求学等非传统金融服务。

场：可分解为交易的场景、购买的手段、交易的过程。

1. 什么是"场景化"

举例来说，朋友聚会，在大家挑选在哪里吃饭这个场景中，自然而然地想查询下附近有哪些餐厅，哪些餐厅好吃且实惠，这就是一个"场景化"，由此也能产生出一个需求——"去哪儿吃"。在零售银行中最大的场景是如何投资/投资什么产品。

"场"其实是一种成交的心理暗示，撮合"人"（客户）的定位与"货"（金融产品/服务）的匹配。

营销元素中提出"场"的概念，场是情境和时刻的组合交错：客户在不同人生阶段、生活状态、媒介触点、消费场景、社交场景等维度交叉的"场"中，具有不同心理需求、理财需求。如何抓住消费者的情景需求，捕捉到他们和品牌接触的情景时刻，对于传播和转化都至关重要。

2. 数字化营销为什么需要场景

（1）移动互联时代，线下场景日渐式微。

首先，低质量的线下营销会逐渐被线上取代，注重全面体验的线下营销的溢价会更高。尤其是在疫情期间，很多线下的活动都用直播替代，工作直接交流用社交软件替代，事实证明虽然这种方法效率巨低，但我们都意识到有很多没必要的工作不做也没什么影响。等疫情过去，一切恢复正常以后，比如无意义的会议，现在不做很大概率未来也不会做，那种可以被网络替代的简单线下营销基本可以宣告退出历史舞台。

其次，因为优秀线下营销的成本更高，操作更难，这种比较"奢侈"的营销活动可以作为体现品牌营销能力的检验。就像举办奥运会是证明一个国家国力一样，那些大型企业依然需要线下营销证明自己的实力。

（2）润物细无声 vs. "霸王硬上弓"。

根据 AuroraMobile 发布的《2019 年社交网络行业研究报告》，使 14.6% 的用户降低刷朋友圈的频率，主要因为广告太多。

朋友圈里直接发布广告，与报纸、广告牌、电台和电视台播出的广告没有区别，都属于"硬广"，直接介绍商品、服务内容，有点强人接受的感觉。"去哪拍？""巴黎拍！""找工作，和老板谈！"我相信，如果你经常乘坐电梯，一定对铂爵旅拍和 Boss 直聘的刷屏广告并不陌生。

说起广告，除了广告从业者，估计大部分人的第一反应是皱眉头。毕竟，广告对我们的负面影响，那可就太多了，随便说两条：第一，广告总是干扰我们的注意力；第二，有一些广告，简直是精神污染。

时至今日，商家仍然酷爱植入"硬广"，可能和他们执拗地秉持着"说服模型"的原则有关。

3. 理财顾问服务典型场景

BCG 研究表明，中国消费者每天在手机上花 3.9 小时，在微信上花 100 分钟，在所有应用中排名第一。中国互联网络发展状况统计调查显示，微信朋友圈是普通投资者使用率排名第一的资讯来源。

朋友圈流量巨大，但本质上是私域流量（私域流量不是私人的流量，私域流量是你可以自由反复利用，无须付费，又能随时触达，被沉淀在公众号、微信群、个人微信号等自媒体渠道的用户），目前并未很好地实现转化。

随着金融行业的持续发展，需要不断加强金融机构的品牌宣传，提升从业人员的专业形象，增加与客户沟通的谈资，同时做好客户精准画像，进一步促进投资服务。金融机构好友大多是相对优质客户，那么如何建立朋友圈营销工具，比较友好地将私域流量转化为产品销售，就变得非常重要。

大部分客户喜欢晨读，早上起来第一时间了解最新的全球动态及财经新闻，金融机构投资顾问和财富经理为满足客户的需求，同时提升自身的素质，有阅读和转发财经早报的习惯。如果可以打造属于机构本身的财经早报媒体，供银行投资顾问和财富经理使用，必然会加大机构品牌形象的宣传力度。

通过把资讯投向那些对这类资讯感兴趣的用户，不但减少用户打扰，还能引起用户的积极响应。通过大数据分析和精准营销技术可以让投资顾问和财富经理更及时地了解用户的偏好变化、成交意向，可以有效地提升产品推荐成功率。

通过投资顾问和财富经理每天转发专业的财经早报资讯，增加客户黏性，并通过对客户的阅读行为进行大数据分析，了解客户的投资意向和财经话题兴趣度，提升财富管理的服务水平。

（二）场景营销——公募基金场景营销

基金不好卖？可以试试场景化实战营销法。

场景一：新发基金场景解读。

对于新基金而言，因为没有历史业绩以及辅助的参考指标，那么衡量一位基金经理是否靠谱就非常重要了。

考核基金经理最核心的指标是看他会不会赚钱，我们可以通过基金经理跨市场周期的投资指数观察他的赚钱能力。

但是综合来看还需要重点关注这些指标，包含但不限于全职业生涯投资能力、历任所有公司、历任所有基金表现。

（1）基金经理的从业年限，考察是否经历过牛熊周期。

在牛市的时候，即使完全不懂投资的人也能够赚得一桶金，产生自己也是股神的错觉，所以要选择有长期（至少 3 年以上）投资经验的投资经理，尤其是经历过牛熊周期洗礼的基金经理，我们更能看出他的抗风险能力和中长期投资策略。

傅鹏博 (睿远基金管理有限公司 公募基金经理,副总经理)

| 投资生涯年化回报：22.84% | 同期大盘年化回报：6.04% | 住职时间：2009-01-16至今 |

| 性别：男 | 学历：硕士 | 现任基金：1只 | 经理指数：10.01 (2021-03-31) |
| 年龄：59 | 年限：11.2年 | 跳槽频率：8.93% | 是否有从业资格：是 |

96 经理评分

经理指数

2018年03月~2019年03月基金经理选择了"诗和远方"。

睿远基金傅鹏博——基金经理指数 poweredbyBeta 理财师

（2）基金经理的从业背景。

让一个做茶叶蛋的去造导弹，其后果是可想而知的。然而，随着基金行业的迅速扩充，基金经理的质量和数量增长却并未能很好地赶上这一节奏。

细心的投资者会发现，有些基金经理之前是做宏观策略的，结果却被安排在指数基金经理的位置上，有些基金经理一直是做固定收益的，然而又被安排管理股票型基金，诸如此类荒唐的事情是值得投资者高度重视的。

管理风格

	注重　淡化		稳健　积极　平衡		大盘　中盘　小盘
资产配置能力		经理管理风格		偏好大小盘	

经理评价

经理简介：傅鹏博：上海财经大学经济学硕士。历任上海财经大学经济管理系讲师，申银万国证券企业融资部经理，东方证券资产管理部负责人、研究所首席策略师、汇添富基金首席策略师，兴业全球基金副总经理助理兼研究总监、金融工程与专题研究部总监、兴全基金的基金经理、兴全基金副总经理。现任睿远基金副总经理、基金经理。

投资水平：投资年限11.2年，**经验丰富**；投资水平**堪称一流**，生涯中共管理过4只基金，历任的4只基金均位列于同类**前30%**；生涯年化回报率**22.84%**，而同期大盘只有6.04%，值得信赖的基金经理。

配置能力：**淡化**行业配置，行业的配置成功率为23.00%。

投资风格：投资风格**稳健**，换手率适中。没有特别的股市行情风格，在各行情中表现中等。

图　睿远基金傅鹏博——管理风格、基金经理评价 poweredbyBeta 理财师

（3）基金经理的过往管理业绩。

历史不会重演，但历史又总是如此相似。考察基金经理的过往管理业绩，并不能起到预测未来业绩的作用，但是却能起到很好的参考作用。

如果一个基金经理，不仅经历过牛熊市，中长期的管理业绩还能排在前1/3，那我们可以认为这个基金经理是中上的，至少是潜力很大的。

当前任职

时间	职位	公司
2019.03.26--	公募基金经理	睿远基金管理有限公司
2018.10.29--	副总经理	睿远基金管理有限公司

现任基金

基金公司	基金名称	投资类型	任职时间	离职时间	任职回报	同期指数	同类排名
睿远基金	睿远成长价值混合C	偏股型	2019-03	-	93.08%	36.43%	970/3303
	睿远成长价值混合A	偏股型	2019-03	-	94.64%	36.43%	926/3303

睿远基金傅鹏博——现任基金 poweredbyBeta 理财师

（4）基金经理的投资操作风格是否稳定。

不同的基金经理的操作风格总是千差万别的，无所谓好坏，关键在于基金经理能否在"知行合一"的前提下为投资者创造更高的收益。

投资者在选择基金经理时，也要根据自己的投资偏好和风险承受能力。比如，有些基金经理崇尚深度价值挖掘，并在投资过程中不做择时，这类基金的业绩表现波动可能会比较明显。另外，从投资风格上看，有些基金经理偏好价值股，有些偏好成长股。

基金经理风格标签 poweredbyBeta 理财师

净值风格：

1）当前市场行情表现：是否擅长当前市场。

2）涨跌市场行情表现：擅长涨市还是跌市。

3）行业主题配置能力：行业重仓成功率，反映的是基金经理的"选股能力"。

只有用稳定的投资团队、持续一致的投资哲学获得持续卓越表现的投资经理，才值得托付。

除了上面这些指标，还有很多评价指标，比如择时能力、反应速度等。所以，我们需要长期坚持关注基金经理，认真分析其管理的基金表现，时间长了自然会对基金经理的能力有比较准确的判断。

- **涨跌市行情表现**

经历过上涨行情，**进攻能力强**，经历过震荡行情，**守城能力弱**，经历过下跌行情，**防御能力弱**

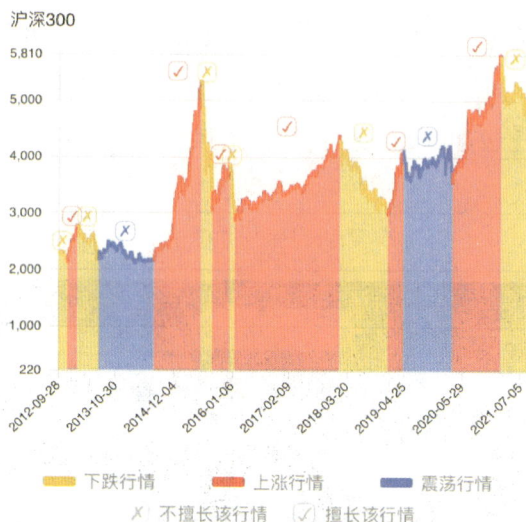

沪深300

价值成长行情表现 poweredbyBeta 理财师

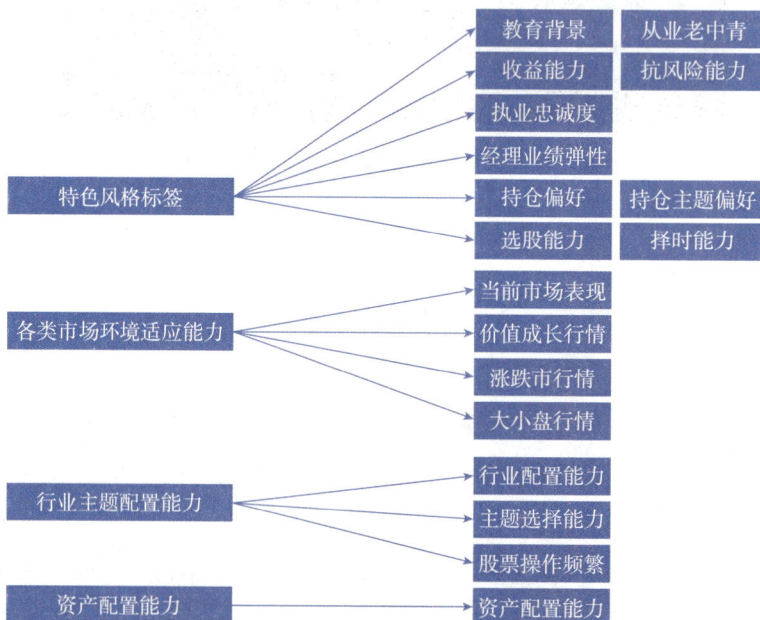

基金经理维度：四个大维度 **18** 个子维度

场景二：不熟悉的基金如何快速上手？

评判基金是一项复杂的系统工程。虽然晨星、理柏等基金评级机构，评估结果最高为五星，最低为一星，通过观察基金的星级便可掌握对基金的初步判断。但是对于理财师而言，简单评级信息还不足以帮助客户做出正确的申赎建议。

基金评级的基础是过去的绩效，因此只能反映基金过去的业绩，并无法保证未来的获利。想要深入了解基金，还是要付出一定的精力去对基金进行各方面的考察。

如何快速从六个维度拆解一只基金呢？下面将和大家介绍 Beta 对基金的综合评价体系：六脉神剑。

第一脉：看基金产品的综合评分。基金评分的等级一般会分为 5 ~ 6 个等级，不够细化，所以我们会用百分制的分数为客户资产"把脉"，一下就能够了解他们所持的基金产品的所有表现。

基金评分≥85（优秀）

80≤基金评分＜85（良好）

70≤基金评分＜80（一般）

基金评分＜70（差）

理财师可以通过基金这样的诊断服务和客户交流，很容易就会形成习惯。

第二脉：看基金产品的历史业绩。我们在投一只股票时，一般都会看它过往的业绩，并拿到市场上比比、和同类的产品比比，据此可为客户做出选择。

第三脉：看基金产品的基金经理。基金经理就是帮我们（投资人）管钱的那个人，传说中的"操盘手"，如果业绩代表着过去，那么经理评价则代表"未来"。

第四脉：看基金产品的公司状况。客户购买某公司的基金，就意味着把钱交给这家公司管理，作为理财师就得客观地帮客户诊断一下，到底这家公司综合实力如何。

第五脉：看基金产品的风险波动。风险与收益相对等，但我们不能光看基金的赚钱能力，还得看基金的风险值，在为客户诊断和介绍产品时，风险板块主要看一下该基金与同类基金的比较是否低于同类产品的风险。

第六脉：看基金产品的主题风格。最后可以帮客户看看该基金的投资方向

（即是资产配置组合的情况），因为投资方向决定了基金的"风格和主题"。

下一次当你正在你的营业网点门口停车时，客户来电话说 5 分钟后来咨询你买一只他行的基金，这时只需要从容不迫地在 Beta 理财师 APP 输入基金代码，等客户坐在你面前时，相信你已经对这只基金了然于胸了。

场景三：从基金定投开始建立与客户的链接、基金定投演示。

在这里需要达成一个共识：定投只是开始、不是结束。定投只是客户营销的开端，而不是客户营销的终点站。用较小金额体验基金投资，同时保持较高频次的交易（周、双周、月），没有什么比定投更能有效触达客户的产品了。

坚持了三次以上，一定要进行第二次营销，但凡客户坚持半年以上，一定要约客户进行体检。是否需要替换产品，以及借着接触的机会为客户传递正确的投资理念。

坚持投资中的长期主义。给客户传导正确的长期投资理念，是可以解放短期恐慌情绪的。价值投资让巴菲特在 50 岁以后，赚到了人生 99.8% 的财富。很多人都想"复制"他 99.8% 这个"结果"，而不是"学习"他从 10 岁到 50 岁这一路走来的"过程"。

思考风险的本质。假如对客户的情绪进行更加细致入微的分解，就会发现客户表达的担心可以分为"波动大""不确定性强""流动性差"等。针对其中每项逐一进行分解。

资产配置：资产配置是事后指标，是可以兼顾"理财经理卖得安全"和"客户买得安全"。通常的资产配置，我们可以分为五个跨界：跨资产、跨时间、跨市场、跨公司、跨经理。

（1）跨资产：客户的基金组合是否分布在不同的资产配置领域？最基本的是"股债"搭配才能更好抵抗市场的风险。

（2）跨时间：在时间跨度上，是否有长中短期的安排？当然，基金投资本身是一个中长期投资，但是在基金的下单方式上，做好分批进场或者简单的设置定投。

（3）跨经理：尽量不将基金组合集中在某一位或两三位基金经理人。

（4）跨公司：尽量不将基金组合集中在某一家或两三家基金公司。

（5）跨市场：不同类型的基金，投资的领域不同，涉及股市、债市、币市，还有海外市场，所以在市场的跨度上也可适当为客户分散布局。

简单投资，个人投资者和专业投资者的差别，在于个人投资者专业性没有那么强，做投资只是为了服务生活，每个人还有自己的家庭要照顾、自己的生活要过，没必要搞太复杂的策略、太复杂的模型，需要我们化繁为简，简单投资，轻松生活。

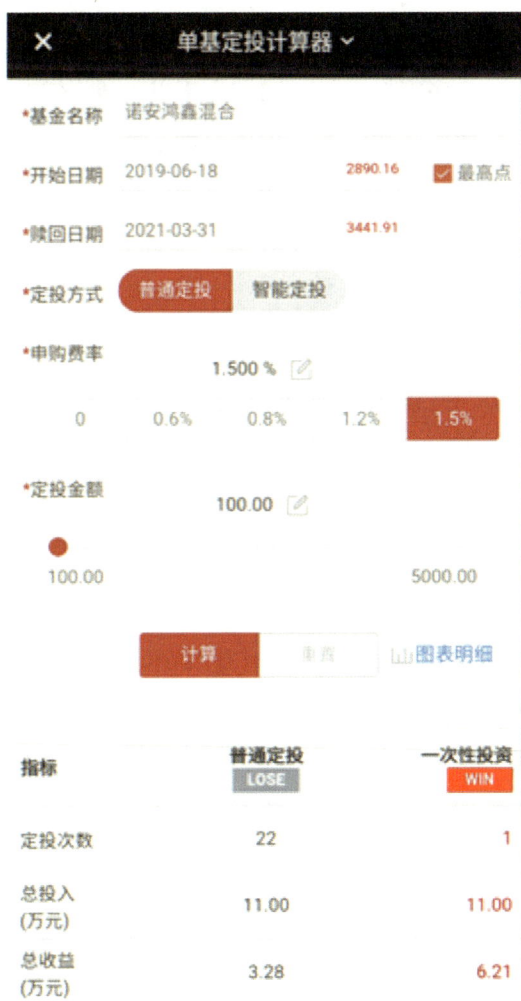

单基定投，某基金最高点开始定投试算

定投计算器

单基定投	智能均线	择时定投	组合定投
周期定投	定投比较	定投排行	定投规划

Beta 理财师 APP——单基定投计算器工具系列

定投计算器：单基定投、智能均线定投、择时定投、组合定投、周期定投、定投比较、定投排行。更多定投工具，欢迎探索 Beta 理财师 APP。

智能均线定投：相比传统的定投，主要根据市场涨跌或者基金净值变化来调整定投金额和频次。以智能均线定投为例，以均线为基准线，当指数低于均线时加大定投额；当指数高于均线时减少定投额。实现在低点时多买，高点时少买，充分利用市场行情的变化，从而摊薄建仓成本，获取更高收益。

场景四：宏观经济解读与基金营销场景。

大家可能听过马克·吐温说过一句话，叫作"历史不会重演，但会惊人相似"。德国哲学家黑格尔也说过另一句话，叫作"人类不会从历史中得到教训，只会不停重复历史"，这两句话表达同一个意思，就是历史总是按照某种规律在重复和轮回，在投资学里，就叫作周期。

在宏观层面，我们经常讨论的是经济周期，以康波周期为例，持续时间大约是 60 年。可以分为繁荣—衰退—萧条—回升四个阶段，但并不意味着每个阶段各占 15 年。如果说本轮周期的繁荣阶段在 2008 年结束，而 2008～2018 年这 10 年基本算衰退，随着开年疫情这只黑天鹅的出现，几乎可以确认，目前就是萧条，在前四轮的康波周期中，最短的也持续了 8 年。

因此在投资理财中，研究宏观能够帮助我们了解经济运行的逻辑，根据不同阶段的特点把握投资的趋势。

如何根据宏观环境、股市投资环境、债市投资环境更生动地为客户做讲解呢？

首先我们将从宏观、股市、债市中应该分别观察哪些指标？

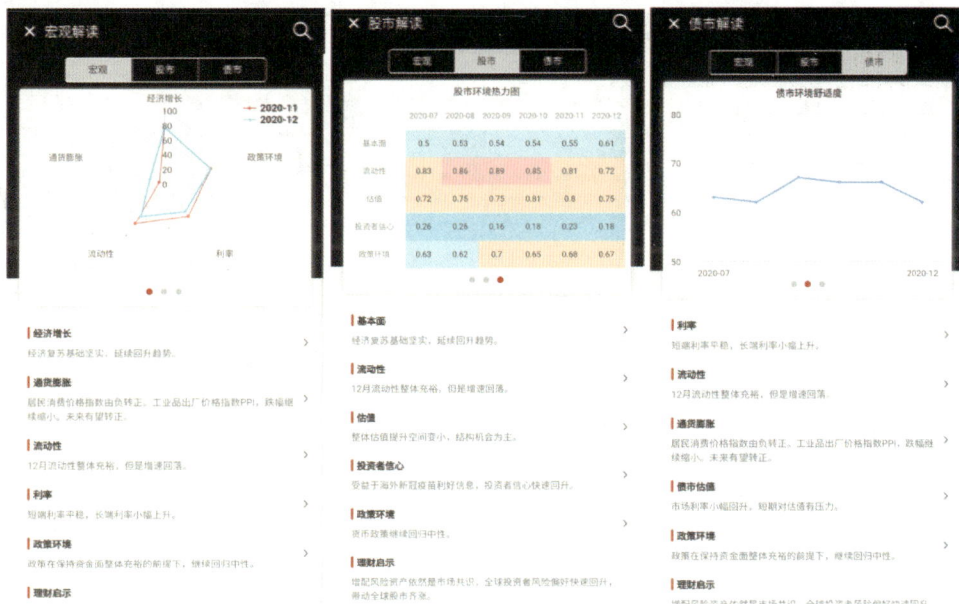

Beta 理财师
APP——宏观解读

Beta 理财师
APP——股市解读

Beta 理财师
APP——债市解读

宏观：经济增长、通货膨胀、流动性、利率、政策环境。

股市：基本面、流动性、估值、投资者信心、政策环境。

债市：利率、流动性、通货膨胀、债市股市、政策环境。

假如对于这些宏观研究是动态的并且需要持续追踪，那么借助 Beta 宏观解读模块，可以轻松实现将各类复杂难懂的经济指标用图表的形式做更生动的展示。

对于刚入门的新手也丝毫不用担心，Beta 已经将政策解读、证券估值、基本面解读观察的指标分别拆解为解读方法、解读话术、数据图表。这犹如一本安静的财经知识入门百科全书给小白一个完整的知识体系框架，为资深的理财师以及投资顾问提供自动化的指标追踪。

那么如何将我们对于宏观的理解转化为理财营销的动力呢？

我们可以看到每一类解读都带上了理财启示：

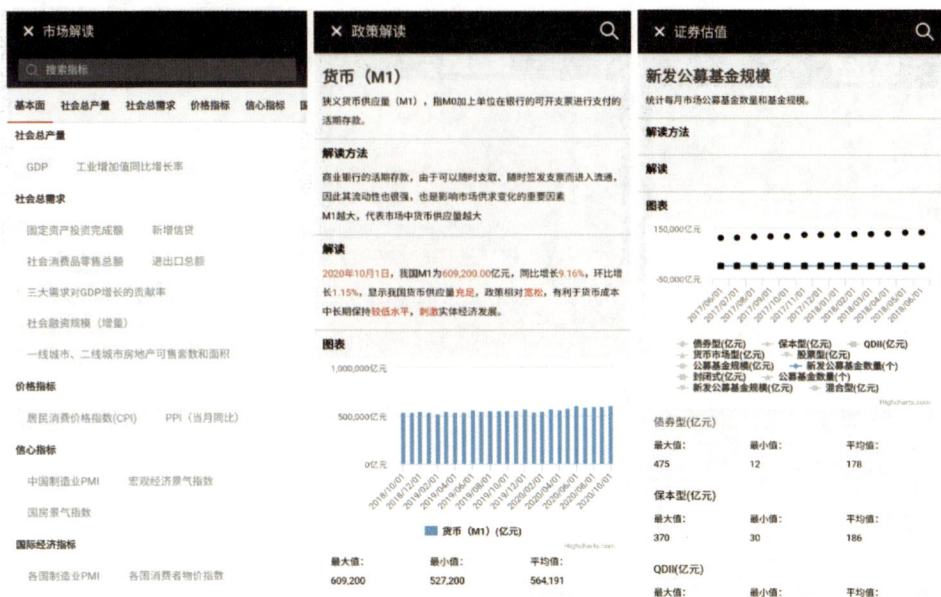

Beta 理财师 APP——市场解读

Beta 理财师 APP——政策解读

Beta 理财师 APP——证券解读

理财启示
增配风险资产依然是市场共识，全球投资者风险偏好快速回升，
带动全球股市齐涨。市场利率继续小幅回升，债市整体偏弱。

Beta 理财师宏观解读——理财启示

以宏观解读的理财启示为例，增配风险资产依然是市场共识，全球投资者风险偏好快速回升，带动全球股市齐涨。市场利率继续小幅回升，债市整体偏弱。

场景五：后续跟踪的营销机会，实时监控和资产诊断。

会买的是徒弟、会卖的才是师傅。很多基金公司和银行推广基金业务，只告诉了客户一直买，没有告诉客户什么时候卖。理财顾问推荐客户买入持有基金产品，其实工作只完成了一半都不到。对于基金持有人来说，何时赎回也是一个关键问题。后期踩坑，再漂亮的回报或许也会前功尽弃。

有哪些信号是基金应该赎回的信号呢？

（1）股市泡沫破裂。

（2）基金达到止盈目标。

（3）基金团队出现信任危机。

哪些信号是基金应该调仓的信号呢？

（1）基金风格严重水土不服。

（2）基金在组合中的占比预期风险偏好不匹配等。

（3）基金组合的五个配置是否完成（资产、时间、公司、市场、经理）？

在过往的培训辅导中，经常会听到客户经理抱怨，市场震荡时经常接到客户的电话，询问是不是应该卖出持有的基金。当客户的资金随基金净值严重折损，一部分客户的脾气越来越大，抱怨和投诉接踵而至。问题出现在没有做好两个重要步骤：实时监控和资产诊断。

因为基金产品是动态的，随着资本市场而动，所以售后服务显得尤为重要，这也是目前大部分的理财师最薄弱的环节，也是机构容易疏忽的环节。面对客户账户的波动，千万不能"报喜不报忧"，更要加强与客户沟通，一定要让客户了解，及时告诉客户当前的市场形势以及我们的观点。

客户经理要做的最重要的两件事：一是协助客户制定合理理财目标，做好资产配置；二是密切关注基金异动，包含但不限于涨跌幅监控、净值异动、申赎提示、基金经理变动等。

如果我们做好了基金销售的每一个环节，特别是售后服务环节，健诊解套只是手段，是做好客户服务的工具之一，而非最终目的。

（1）实时监控。

在具体工作中，我们每个人可能管理几百上千客户，有的客户亏损 15% 也无所谓，但有的客户亏损 5% 则会大吵大闹。通过 Beta 销售工具的异动监控功能，可以对不同客户设置不同的预警值。一旦达到预警，软件就会自动通知。

（2）资产诊断。

将客户在本行甚至在他行购买产品的基本情况做一个表格整理，定期发给客户（不同客户频率周期会有所不同）。客户可能不看或者简单看一下，没关系，长期下来客户会感受到我们的服务和细心，知道你在帮他天天盯着，慢慢会对你形成信任和依赖。如果可以再结合行内系统或其他类似 Beta 这样的软件工具进行下载、打印、邮寄，每个月只要花很少的时间，就可以赢得客户的信任。

Beta 理财师——异动提醒

而且，只需要输入客户基本的申赎信息，Beta 资产诊断功能即可自动输出组合表现评价、资产配置规划、基金销售带货、基金建议。（对于功能感兴趣，欢迎预约培训课程，联系客服 400－838－1978）

资产诊断是对于已有客户的投后服务，组合诊断功能则为理财师增加了基金销售场。对于新拓客户，组合诊断功能可以起到资产配置规划的作用。未来的自定义组合诊断，可以更好地满足这个需求。数字化加速的时代，必然带来智能时代。金融市场并不只是一个投资者获取收益并承担风险的地方，其还承担资金、风险配置等功能。

曾鸣曾在《智能商业》一书中写到，数字化是一场商业模式的范式革命，未来 10 年，最大的商业价值就是如何创造一个个智能商业。Beta 也是秉承着践行买方投顾的理念，赋能金融机构数字化转型的必经之路。

（三）场景营销——保险营销场景

保险营销场景，从年金险说起。

保险天生就是依附于场景存在的金融产品，保险营销场景的颗粒度比任何其他金融产品营销场景的颗粒度都要小，甚至可以说，任何一个场景都有它适合营销的产品。

然而，科技和市场的发展也正在让新场景出现，大部分与保险相关的软件产品，从千人一面的规模化产品，到千人千面的客制化界面，目前已经向一人千面的个性规模化发展。

我们简单示例几个保险产品的营销场景。

1. 年金险营销场景

年金险可以用在许多长期的资金储备的场景。

不管是做子女的教育金规划还是年老时候的养老金规划，其本质都是年金保险。如果计划为子女提供优越的教育资源，我们以出国为例，那么就需要在 N 多年后，连续多年进行大额的教育费用支出。

如果仅仅通过储蓄，不仅没有强制性，而且银行利率也比较低，所以年金险是比较好的选择。养老规划依赖年金保险和生命等长的现金流，可以补偿养老保险金暂不足以满足个性化的养老需求。

只靠社保养老，对于追求舒适、安乐的老年生活是远远不够的。如果想要一份体面的退休生活，需要我们提前进行规划。

一部分人会选择储蓄 + 理财，保证我们有充足的现金储备；另一部分人会在有支付能力的前提下，购买年金险，退休之后就可以稳定领取养老金。

父母赚的钱最终都会给子女，但又怕子女不懂珍惜随意挥霍。年金险的领取形式是定期、定额地给付生存金，这样既能保证孩子每年有钱用，又不至于一下子全用完。

普通的赠与资产一旦赠与后就不得撤回，父母完全失去了控制权。但父母出钱购买保险做投保人，既可以让子女做被保人享受每年的生存金，又可以对这份保单拥有绝对的控制权，父母可以随时增加保险的投入或者停止这份保险，拿回现金价值。

很多保险公司还提供保单贷款服务，如果临时需要资金周转，贷款客户可以通过保险公司获得银行质押贷款，而且过程简单、时间快速、能及时缓解资金紧张。

年金险不仅仅适合普通家庭，对富裕家庭也有特别大的吸引力。所以，它是大多数客户都喜欢的产品。

2. 健康险营销场景

健康险的营销场景贯穿所有的年龄层，且配置健康险的各种场景。

社会基本医疗保险作为一项社会福利，是每个人都应该有的基本医疗保障。比如日常的感冒、发热、咳嗽等基础性医疗花销，社保都可以满足需求。治疗一些小病时，不论是否达到报销额度，多数家庭也都负担得起。但是，如果患上大病，需要住院治疗，对于昂贵的手术、药品、治疗费，社保的作用就很有限了，这时候就需要商业医疗险作为补充。

"辛辛苦苦三十年，一病回到解放前。"这是很多人对大病重病突袭一个家庭的形象描述。在很多地区，一旦患了大病，会给一个普通家庭经济状况带来灾难性的压力，而人的一生罹患重大疾病的概率高达72.18%。目前，重大疾病的平均治疗费用一般都在20万元以上。

一份重疾险，虽不能杜绝所有的疾病，却能让任何一场大病重病期间仍然有收入损失的补偿！免于因钱所困，让家人在金钱和生命之间做选择。

人生的任何阶段，都是配置健康险最早的阶段：

刚出生的婴儿，父母在医疗险和重疾险还有意外险上配置；

刚刚走入社会的大学生，面对收入增长，亚健康，同样有健康险的保障需求；

如果已婚还未为自己配置保障的，面临家庭的压力、工作的压力、购房按揭等，家庭责任愈重，更加重视保障型的健康险。

过去父母购买的保险需要升级全面保障的时候，意外险、医疗险和防癌险/重疾险都是营销员的营销场景。

现在的状况是保险知识铺天盖地，然而专业的保险理念并非每个人都有。

理念导入（50%）—方案设置，异议处理（30%）—产品介绍（10%）—签单（10%），随着全民保险意识的提升，我们也逐渐发现理念导入部分占整个保险销售循环比重开始减少，同样异议处理占比的时间也缩短了，因此在方案设计上更加考验一个营销员的远见和风险规划能力。

3. 终身寿险营销场景

人寿保险：以被保险人的寿命为保险标的，且以被保险人的生存或死亡为给付条件的人身保险。

和所有保险业务一样，被保险人将风险转嫁给保险人，接受保险人的条款并支付保险费。与其他保险不同的是，人寿保险转嫁的是被保险人的生存或者死亡的风险。

终身寿险，终身负责意外和疾病身故责任，甚至包含全残的责任，所以比意外和定期寿险都贵，但是更有价值。

购买终身寿险，主要是为了利用其储蓄功能来让资金增值，好给自己的子孙留下一笔拥有确定性的"遗产"，因为无论被保险人何时身故，其保单受益人总是能拿到一笔确定金额并高于保费的保险赔偿金。

总的来说，终身寿险是一种"利他"的产品，即自己用不了，是留给家人的爱护，一种生时为死时的安排，通过终身寿险实现对个人资产的适当筹划，更好地照顾每一位家人，是一种爱和责任的体现。

（四）场景营销——信贷营销场景

信贷营销场景，捕捉客户贷款需求。

信贷是银行最传统的业务，很多人的贷款业务都是靠资源关系做的，想做贷款业务，找熟悉的客户推荐；有贷款需求的客户，找熟悉的业务员。

信贷人员最常见的 13 种获客方法：

（1）刚入行的信贷员可以依靠原有客户积累资源，你的同事、领导、师傅会给你一些。

（2）扫楼或陌生拜访，寻找客户资源。

（3）信贷员要根据行业或其他筛选条件，细分市场，列举客户名单，实行名单制销售，寻找客户资源。

（4）不得已时也需要靠父母、亲戚、朋友等关系，为周边的人解决资金难题。

（5）加入一些贷款平台，比如信贷家，其客户集中，有针对性，便于客户主动找上门。

（6）可以考虑摆摊设点。

（7）尽力帮助客户争取优惠政策、提高办事效率，便于营造良好口碑，尤其针对企业客户更是如此。

（8）老客户多沟通交流，关注对方的经营和生活状况，监测还贷能力的同时，增进感情，便于带来新客户。

（9）打电话推销。

（10）同行推荐。

（11）各种方式展业：小卡片、传单、小广告等线下的方法，耗时耗力，效率不高，反正都是积累，这种一天能积累 10 个客户就谢天谢地了，所以这种方式，也是浪费生命，没人喜欢被陌生人拜访，且拜访不一定签单，成本是很高的，一天的成本，时间、精力、货币，加上精神折磨，可以赶走一大批人。

（12）APP 买名单：同样的道理，你能买别人也能买，一份名单能卖多个人，你要用这种方法赚钱，就需要成为那个卖名单的，这样才是最大的获利者。

（13）互联网的方法：养大量的微信，如何有效找到贷款客户，需要先进行个人微信营销，按照以下方法先把微信人设做起来。一台电脑，找到市面上所有能定位"同城"属性的 APP，主要用户为 30～55 岁男性客户，那么自己的贷款用户群体就和 APP 用户群体高度重叠了。设计在 APP 上的所有人设，打比方，在某直聘上交流的人要么是中小企业 boss，要么是人事经理，把自己设定为高学历、高素质、高技能人才，很多人就会来找你了，最后用微信沉淀下来，至于接下来怎么聊，还是个技术活。

似乎，上面的方法，要么是特别传统，要么是效率特别低下。

在互联网时代，借助于科技和大数据，可以实现精准营销。

试猜想有信贷客户的特征是什么？

（1）平时不需要贷款的时候，是不看贷款的内容。

（2）一旦想要贷款，就要急迫地寻求贷款的渠道。

（3）熟悉的营销人员，将成为贷款客户的首选。

因此，我们需要解决三个问题：

（1）如何准备贷款的营销内容，让想要贷款的人看得到。

（2）如何寻找有"贷款需求"的客户，既有存量，又有新增。

（3）如何成为客户心中首选的信贷营销人员。

问题一：如何准备贷款的营销内容，让想要贷款的人看得到。

在网络上面，贷款几乎只有"硬广告"，跟马路上或共享自行车身上的小广告没有本质上的区别。那么，怎么才能做好贷款的"软性营销"呢？

软性营销，在素材上有四种：一是文章，二是专题，三是信贷早报，四是视频。

第一种素材：文章。

最常见就是微信文章。一篇好的文章，阅读量少则几百，多则上万，甚至是10万以上，这种方式更容易获得客户的关注。不仅获取了知识，还有利于在客户心目中建立专业的形象。

但是难在好的文章不容易收集，而在 Beta 理财师 APP 上，每天都会有 3~5 篇贷款的文章更新。大家知道，在百度上进行信贷的搜索，只会搜索来广告，很少有有价值的内容。

给大家分享一个技术，也可以使用"Beta 理财师"APP，在首页用"文章搜索"功能，同样输入"信贷"，就会找到干货满满，目测文章的精准度，分分钟拉开"度娘"几条街的距离。在这里，小编可以大胆地预测：信贷圈里最有潜力的搜索引擎已经诞生了!

第二种素材：专题。

一个好的专题，就是好文章合集。相当于 NBA 的全明星，拍电影全是大腕的感觉。

例如"征信如何影响贷款"这个专题，就有多达 55 万的阅读量。点开"征信如何影响贷款"这个专题，持续进行更新，既可以直接将这个专题分享给客户，也可以将其中一篇文章分享给客户。

第三种素材：信贷早报。

如果说，你可以找到合适的信贷文章，这是入门级水平的话，那么制作一份"信贷早报"，则是进阶的技巧了。

早上是全天客户朋友圈阅读量的高峰期，大概接近 70% 的阅读量会集中在早上的 7 点至 9 点。如果想持续地吸引客户的关注，那么定时定量地提供一份"信贷早报"，则是必不可少的。

信贷的早报，可以直接发到朋友圈，有没有瞬间高大上？也可以发到群里，或者单独分享给感兴趣的客户。

第四种素材：视频。

都说 5G 时代要来了，视频是最新的风口。视频有多火，看看抖音就知道了。作为一名优秀的信贷营销人员，视频怎么可以少。但是，要自己制作一条朋友圈视频，谈何容易。悄悄地告诉你，Beta 理财师 APP 上，有许多优秀的信贷素材，还是 15 秒的！而且，还可以在视频上添加自己的描述评论，以及加上营销人员的头像！这样，你再也不怕别人"偷走"你的视频了！还可以发到抖音、快手等平台!

问题二：如何寻找有"贷款需求"的客户，既有存量，又有新增。

如上所说，信贷是一个传统又特别的金融产品。在这个时代，如果通过打陌生电话寻找那些有需求的客户，几乎太难了。

如果说，一个营销人员只需要每天发发信贷文章，发发信贷早报和专题，就可以知道客户有没有贷款需求了，是不是很神奇？在大数据时代，就是这么神奇。

通过 Beta 理财师 APP 获客中心的"成交意向"，就可以一键找出那些对信贷有需求的客户。根据客户对于信贷兴趣值的高低进行排名，还可以进一步看到客户对于信贷产品的兴趣比重。是直接问客户：有没有信贷需求？No，No，No，你还需要一个"财经话题"。先和这个客户聊聊"个人征信""消费金融"，也是甚好的。

问题三：如何成为客户心中首选的信贷营销人员。

有了这些工具，营销人员什么都不用做了吗？当然不是。恰恰相反，作为一个新时代的信贷营销人员，看你"骨骼精奇"，来一份《信贷员要掌握的小微信贷风控技巧》。

这个营销内参，就是给营销人员自己看的，里面总结了前浪的各种经验，可谓营销必备。

【专题】信贷员要掌握的小微信贷风控技巧

相对大中型企业而言，小微企业在资金、人才、技术等方面都处于竞争劣势，公司治理不完善、缺乏核心竞争能力。当行业发生风险时，最先影响的就是小微企…展开

2020-05-22 11:03:30　　　　　　　　　　　阅 100

浅析小微企业贷款风险及风控技术

`信贷`

10月前　　　　　　　阅 73　　　转 18

税务数据用处大，小微风控都用它

`信贷`

10月前　　　　　　　阅 8　　　转 1

Beta 理财师专题——信贷员要掌握的小微信贷风控技巧

（五）场景营销——突发事件营销场景

突发事件驱动的营销场景。

在当今社会，除非你的生活能够远离金钱，否则不管你喜不喜欢，人人都需要关注财经新闻，不仅要关注国内的，更要关注国际的。全球经济一体化，任何地方发生的财经事件，都可能直接或间接影响到你如何理财，或者说得更明白一些，直接关系到客户钱包。

每当市场发生重大事件、出台新的税收、养老等民生政策，理财师面对的投资人疑问较多。面对客户提问，理财经理应该如何解读这些财经事件？又如何通过突发事件解读转化为天然的营销场景呢？举几个简单的例子说明财经事件驱动的营销场景。

场景一：现在还能买房吗？

"房住不炒"定调下的楼市收益下降。

相关理财话题：家庭资产配置。

过往常常会遇到客户大额转账的原因是购房。房地产吸走了大部分中国家庭的存款资金。那么，除了自住外，现在还能买房吗？

大家以前之所以买房看重的就是房产的增值属性，只要随随便便买上一套房，要不了几年房价就会出现翻倍上涨，到时候财富就能出现成倍的增长。所以，在过去很多年里楼市炒房现象十分严重，虽然有不少人凭借房产实现了财富升值，但相对应的房价也被炒得越来越高，现在已经高到影响居民正常生活的地步了。

房价被借贷消费越炒越高的时候，拥有房产的人或许会欢天喜地，但千万别高兴得太早，既然纸面资产能够膨胀，那么它也能缩水。通胀之后必有通缩，一旦经济环境发生变化，通胀到达一定程度的时候，信贷资金就可能因为无限扩张导致货币体系崩盘。

国家对楼市定下了"房住不炒"的基调，出台了各种各样的政策来限制楼市炒房行为，房价上涨的步伐也终于得到有效抑制。在炒房行为受到抑制之后，楼市供过于求的现状也彻底地暴露了出来，这让所有人都意识到根本就不缺用于居住的房子。

详情了解 Beta 理财师 APP 素材频道：地产。

场景二：余额宝收益破2，配置债券增厚收益是万全之策吗？

债券投资并非只涨不跌。

相关理财话题：债券基金、混合基金。

其实债券市场也有牛市和熊市，也会有波动。债券基金，过去几年有几轮牛熊市，平均每轮牛熊市持续时间在 3~4 年，但是债券市场上涨并不是无止境的。

通常债券的涨跌和利率强相关。市场利率不是我们通常所说的定期利率，而是整个金融市场利率，比较有代表性的就是中国 10 年国债收益率。市场利率和债券价格相当于跷跷板的两头，市场利率高，债券价格就低，市场利率低，债券价格就高。

债券投资并非完全保本。

信用违约风险简单来说，借款人借钱之后还不起，债券的借款人包括政府、金融机构、上市公司和企业等。一般来说，地方政府财政部、央行、政策性银行发行的债券称为利率债，违约的可能性极小，而企业发的债券一般称为信用债，违约的可能性极大，因为企业自负盈亏，如果出现经营不好、重大亏损的情况，很有可能无法兑付。

目前十年期国债收益率进入到最近几年的最低水平，堪比 2016 年 10 月上一轮债券牛市尾声。十年期国债收益率创新低，这也是纯债基金牛市尾声的一个信号，当前是不是正式进入债券熊市不好说，但长期纯债基金目前的性价比并不高。

详情了解 Beta 专题：债券基金"跌跌不休"，该怎么办？

场景三：黄金金融属性大于商品属性。

衍生品投机风险较强。

相关理财话题：黄金 ETF、黄金股、纸黄金、实物金等。

因为黄金的金融属性要远大于商品属性，黄金的工业用途仅占总需求的10%，由于黄金在工业上已有替代品，所以黄金本身不再能产生财富。历史数据显示，纸币对黄金在持续贬值，哪怕最为坚挺的美元也不例外，尤其是在危机时期，而新冠肺炎疫情对于全球而言又是一次重大的危机，为了应对危机，全球央行开启了史无前例的放水模式，带来了大面积的货币超发与贬值，在这样的背景下，无法印刷的黄金应是资产保值的重要选择。

另外，所有金融衍生证券也都不会产生财富，是典型的零和游戏，因此投入金融衍生产品，自然也是投机行为。原油宝风险事件通过整个市场教育了投资者。

详情了解 Beta 原创财经投教——资产配置系列之《黄金：什么时候值得买?》

在打造事件驱动场景时要注重细节：

第一，各个场景之间并不是孤立存在的，不同场景结合在一起共同构成整个市场。如果呈现给客户的场景足够详细到位，而客户本身确实有这样的需求，就能打动他们，最终使内容、知识输出转化为产品购买。场景越注重内容知识的丰富性与层次，对客户的影响力越大。

第二，构建出来的场景不能显得太突兀，要贴合时事财经热点，尽量不要让客户觉得是刻意为之，要让身处其中的客户感受到潜移默化的感染，自然而然地做出购买产品的决定。

第三，在打造场景的过程中，结合数据分析以及金融机构产品的特点将市场定位做得更加精准。客户的需求是需要金融机构通过大数据去发掘的，的确有些场景必须呈现在客户面前才能激发他们对产品的购买欲望。企业需要精准匹配客户的潜在需求，然后用直截了当的方式展示给客户，客户在受到触动后就会成交。

第四章　客户池，锁定成交的转化工具

如何将低效成交者赋能为金牌理财销售王？

每位营销者都希望能有一双慧眼洞悉客户内心，一张巧嘴能轻易地打动客户。基于 NLP 及大数据分析模型，Beta 让两者从科幻变成了现实。通过会话及客户行为实时识别客户需求意图，通过海量知识图谱与算法精准推荐话术及金融产品方案。一键生成产品动画及短视频计划书，结合实时宏观市场环境、金融产品要素、客户需求要点，将"讲不清"变成"卖得动"，从"不会卖"变成"组合销售""进阶产品销售"，帮助营销者提升销售胜率，拉升单客产能。

一、访客轨迹、客户画像提升产品转化率

俗话说：客户一句话，销售跑断腿；客户一皱眉，销售订单飞。

金融机构销售人员最怕的就是客户态度犹豫不决，回去和家人商量一下、再考虑一下，相信这两个"一下"是无数营销人员曾经多次面对过的话术，特别是在促成阶段经常听到客户提出要回去和家人商量的回答，初看似乎客户已经准备购买，但往往结果就是一去不回。客户是真的商量了还是真的回去了，我们不得而知，但是我们知道如果有一款能够"透视人心"的产品一定会极受欢迎。

客户阅读轨迹及访客画像功能可以全面提升营销人员数据洞察能力，在财经

资讯的日常触达中捕捉业务机会。在传统资讯传播途径中，过程不可控，结果不可知。往往广告费用无形中被大量浪费，更重要的是销售机会白白流失，最终导致业绩难以如期完成。随着数字化时代的到来，金融机构必须迎合时代进行变革。如果无法及时找到能够洞察客户内心的解决方案，未来将失去更多的业务机会。

管理驾驶舱

过程管理

自动记录员工早报、文章、产品、活动发布情况，转发/未转发一目了然

客群分析

全公司/机构客户理财偏好

全公司/机构客户财经话题偏好变化

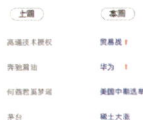

全公司/机构客户类别兴趣统计

产品库管理

后台统一配置员工推荐产品库

推荐产品可一键跳转到指定网址（例如：手机银行购买页面）

（一）阅读轨迹，提升产品转化

通过查询阅读轨迹，可以对客户是否查看了海报图片、财经资讯、游戏视频、产品小店等多种素材的阅读情况进行了解。同时，营销人员还可以结合阅读轨迹功能中的单一客户阅读时长、时间、次数等进行分析研判，为后续产品销售提供指导借鉴。

借助阅读轨迹功能中的转发查询，还可以进一步了解客户是否将相关产品信息与他人共同分享。如果客户转发给其他人，后续阅读情况的相关信息也能被实时查询，这一功能满足了金融机构人脉裂变的需求。为了方便营销人员及时了解阅读轨迹中的人脉关系，系统还能提供相关的人脉链条以及分属几度人脉等信息。

（二）访客画像，让营销人员更了解客户

访客画像可以结合阅读轨迹功能及时描绘单一客户的综合画像，传统客户画像仅支持营销人员自定义客户标签，无法针对访客的海量阅读情况进行实时分析。访客画像功能既体现了营销人员资讯传播后的客户访问情况，又能同时反映同一访客对其他金融机构营销人员发布资讯的阅读偏好。

Beta 通过 AI 实时解读访客话题偏好、资讯偏好、产品偏好，方便营销人员全方位了解客户综合情况，尤其是客户近期的偏好变动等信息，能够及时为营销人员提供销售线索进而捕捉业务机会。

全面提升营销人员数据洞察能力是金融机构长期以来为之努力的发展方向，但是受制于机构资讯内容不够丰富、触达手段单一等瓶颈，始终难以实现突破。结合阅读轨迹及访客画像可以有效实现"透视"客户内心世界，提升机构的整体销售产能。

二、NPL 智能助手感知客户需求，智能话术库赋能成交转化

智能助手是新一代的智能金融营销服务工具，依托 AI + NLP 技术，秉持 Beta 科技赋能于人的理念，为营销人员减负增效。让机器分担更多可标准化处理的专业任务，基于营销人员与客户的会话实时识别客户意图、捕捉营销机会，并根据当下的理财环境，结合行业多年经验推荐营销话术，使理财顾问即便是新手也能快速胜任营销任务，提升销售转化胜率。

（一）为什么需要智能助手

1. 资产配置多元化需求凸显，财富管理专业能力要求提高

随着"房住不炒"政策的落地，房地产作为资产配置工具的作用减弱，中国居民资金开始流向其他资产。然而，随着资管新规打破刚兑，投资者的真实风险开始显现，金融资产配置中存款、信托和银行理财占比下滑，基金、股票和保险占比持续提升。单一的产品配置难以满足居民财富管理需求，资产配置多元化步伐正在加速。资产配置的多元化需求提高了对金融机构财富管理专业能力的要求，传统的以产品销售为导向的经营模式难以全方面满足不同资产水平和投资偏好的客户需求，当下更需要提升以客户需求为中心的投顾模式经营能力。

2. 线上化金融需求强烈，数字化转型进程加速

在疫情催化下，投资者交易、咨询、信息获取习惯都发生了根本性改变，线上金融正逐步从简单的线上支付延伸到线上理财。如今很多银行贵宾客户经理甚至一年也见不到客户两三次，大多数的产品到期通知、续购操作都在线上完成。在理财线上化的趋势下，优质的客户体验意味着线上线下全渠道无缝衔接。财富管理机构一方面正通过布局数字化及远程渠道提升业务韧性、升级客户体验，另一方面可以借助数字化力量赋能团队、改善服务流程，实现运营优化。

（二）Beta 智能助手如何赋能金融机构呢

1. 智能助手可以做什么

（1）客户经理服务痛点：当客户习惯通过微信获取理财资讯，客户经理在服务客户时往往面对四个重大挑战。

一是资讯发给客户了，但是效果一般。如何才能激发客户的互动兴趣呢？

二是客户需求里蕴含着哪些营销机会？该向客户推荐什么产品？

三是客户经理管理范围内有上百位客户，客户提问经常来不及看，导致回复不及时，客户感受度大打折扣，如何有效提高服务体验呢？

四是面对庞大的客户群和丰富的产品、资讯，自己准备文案、寻找答案来处理客户异议，非常耗费时间，要是能有个现成的答案就好了。

（2）Beta 智能助手助力金融机构：Beta 智能助手通过 AI 实时识别客户对话中的需求，以客户需求为契机，搭建营销场景，为客户经理实时推荐最佳答案（话术、资讯、产品）。智能助手可以大幅提高客户经理的服务半径，实现敏捷服务，同时通过"感知需求—行动建议—营销策划"，将客户的每一个需求打造成高质量的营销机会。

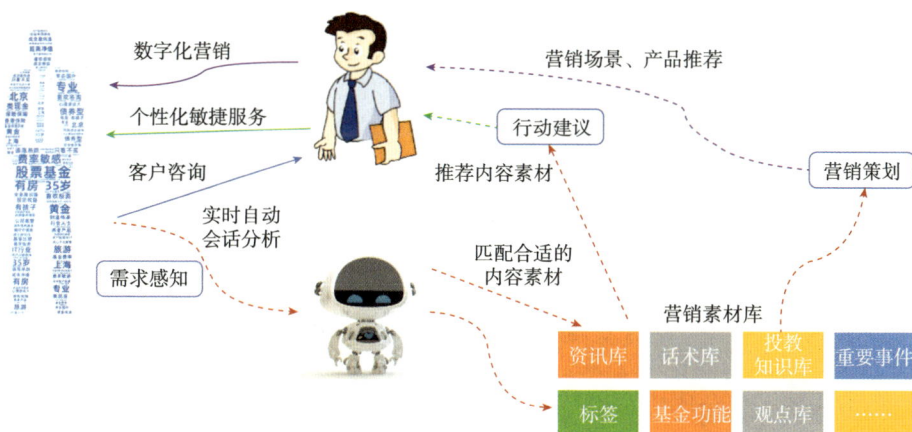

2. 客户需求感知

智能助手通过 NLP（自然语言处理）模型与金融知识图谱，可以实时识别客户需求意图。

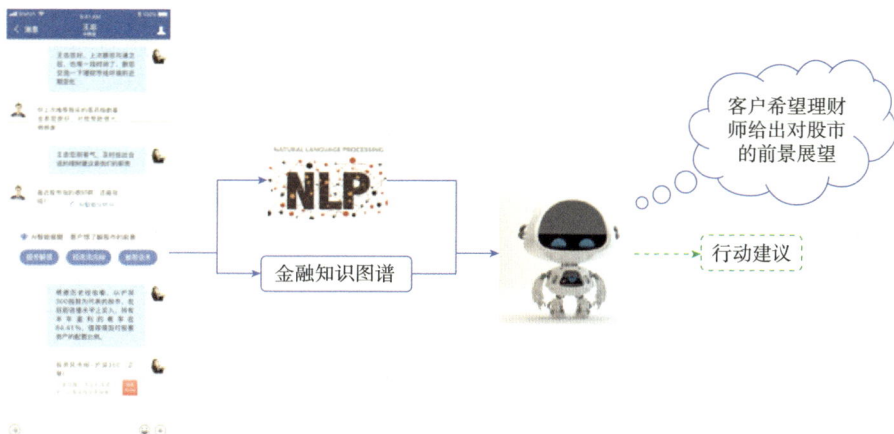

智能助手具有多轮智能交互问答能力，可以根据不同的需求给出差异化的反馈，同时可以给出关联问题，将一次性咨询变成营销或者投教场景。

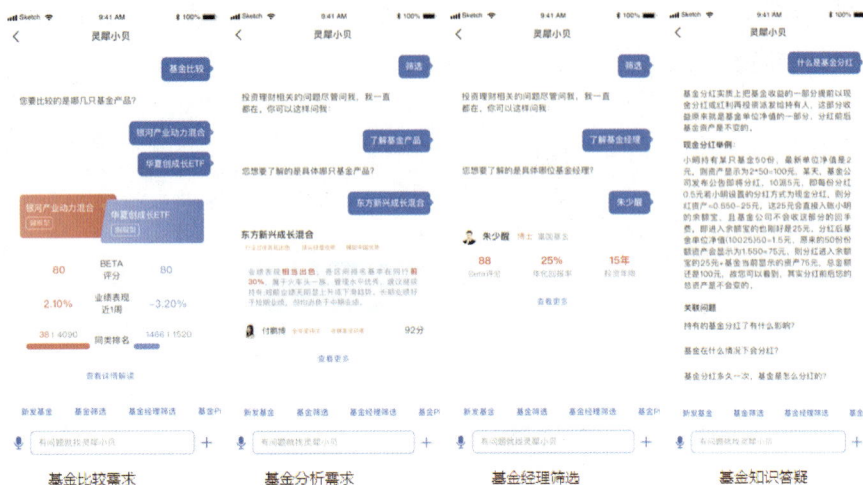

基金比较需求　　　　　基金分析需求　　　　　基金经理筛选　　　　　基金知识答疑

3. 最佳内容推荐

一次成功、恰当的智能推荐服务（内容），需要三方面的积极配合。

一是客户画像要准：Beta 通过建立基本标签、Lable 标签、Tag 标签、AI 标签，从资产、产品、风险度、财经话题等多维度，实现对客户需求的更精准刻画。经过多年积累，Beta 已经拥有 260 万只金融产品的标签数据，并每天实时更新，而且还拥有 7500 万高净值客户行为偏好数据画像。

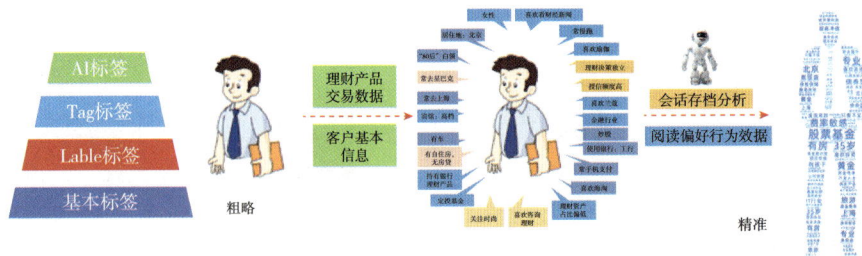

二是服务（内容）质量要高：Beta 拥有时间、地域、产品大类和图、文、音、视四个维度全覆盖的丰富内容矩阵，辅助客户建立资讯库、话术库、投教知

识库、行业洞察、观点库和产品信息库，全面满足投教、营销、理财陪伴和专业形象方面的需求。

三是内容的画像标签要准：就以基金为例，仅基金立体多维的 Tag 标签体系里，包含的常用 Tag 标签就多达几千个，辅之以 Beta 金融产品库标签、资讯关键词动态生产的关键词 Tag 标签，共同生成了 Beta 资讯 Tag 体系。基金标签可以包括概念板块、基金投教、基金词典、基金事件、行业资讯等内容，而在概念板块里面，又可以分为主题、资产类别、子类别等不同层级的细分。经过 Tag 标签的刻画，不同的资讯就会表现出不同的特色。

概念板块	基金投教	基金百科	基金事件	行业资讯	……
新基建	选基技巧	认购	发行	基金投顾试点	……
大消费	基金定投	分红	大比例分红	业绩表现	……
高端制造	基金评价	拆分	基金经理变动	公司新闻	……
黄金主题	基金套利	上折	爆雷	百亿爆款基金	……
人工智能	组合管理	赎回	大额申购	PMI	……
5G主题	基金配置	对冲基金	……	资本流动	
生物疫苗	……	场内基金		……	
量子通信		打新基金			
新零售		……			
……					

（三）实际应用优势

1. 轻松抓住营销机会

在实际营销中，很多商机都隐藏在一定的包装下，如很少有客户会直接说我想买某个产品，大多数人只会通过间接表达来释放信号，比如在群聊中提到"××产品好像不错""××产品最近很受欢迎啊"，这些都是隐藏的商机，但是对于一个管理着上百个客户，十几个群的客户经理来说仅凭他自己很难全部抓住，而智能助手则可以通过模型与算法，实时抓取，识别出客户需求意图，甚至根本无须客户多言，就能直接从他的浏览习惯中识别出潜在需求。

2. 产品话术精准贴切

在资产配置多元化的时代，客户对于服务和产品的需求越来越多样化和差异化。在不同业务场景、不同客户经营阶段、不同产品类别下，一套话术走天下的策略已经行不通了。相信曾经不少金融机构也出过很多话术集锦，但是在实际营销中会发现理财经理运用率并不高，使用效果也不如预期。一是因为原有的话术经常以文档形式下发，动辄上百页的内容，客户经理查找起来并不方便；二是在实际面对客户后会发现，客户的回复经常难以预料，人工建立话术模板难以涵盖全部情况，不同客户的关注点也不同，传统话术模板在应答上较为刻板，缺少灵活度，难以打动客户；三是面对瞬息万变的市场，静态的话术模板常常会失效。

Beta 智能助手则实现了从产品、业务场景、客户群特点、重要理财事件、营销机会等多维度给出特色话术，精准匹配客户经理的使用需求，让客户服务话术不再笼统含糊，同时支持话术 DIY 功能，辅助理财师修改话术、展示个性化特点。

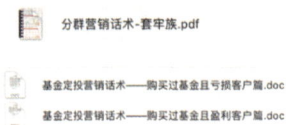

注：“万用搜索”支持模糊搜索，可以搜索产品名字，或者是其中一段内容，例如“下滑趋势”

（1）话术因产品而异：不同产品有不同的特点，Beta 对每只产品基于公开数据生成个性化评价话术，每日计算最新评价话术。

（2）话术因业务场景而异：同一只产品在不同的业务场景里，Beta 会给出不同的话术。例如，每只产品都有一个基本的评价，在基金出现较大幅度波动，特别是大幅跑输市场指数，客户需要安抚时，AI 会自动生成异动点评话术。

（3）话术因重要事件而异：在不同事件下，Beta 对产品提供个性化解读。例如，所持基金的基金经理变换、亏损解套等。

（4）话术因营销机会而异：根据市场动态抓取营销机会，生成解读并关联到营销机会中。例如，对于央行降息 25 个 BP 的事件，Beta 将事件关联到"有利于改善企业盈利、提升资产估值水平，建议增值股票基金"。

读懂客户需求只是开始，会推荐才是理财服务的关键，合理推荐能力是会话分析基础上的人工智能理财助手的核心壁垒、也是使用效果的主要差异。Beta 智能助手功能兼具 AI + 金融两方优势，是前后两棒的接力跑——读懂需求，合理推荐。

三、金融微店，内容、销售、触达"三位一体"

不少金融机构在数字化转型过程中，经常会遇到销售闭环难以解决的困扰。比如公众号运营缺乏对重点在售产品进行差异化推送的手段、APP 平台无法保证客户每天打开实现触达、线上商城天生缺乏资讯传播的基因等。

营销人员总是在抱怨数字化转型离客户还是太远，难道内容资讯和产品销售真的是难以两者兼得吗？

Beta 理财师 APP 金融微店整体解决方案可以有效满足金融机构及营销人员对于内容、销售和触达三位一体的期望诉求。金融机构通过在后台对金融微店进行自定义模块化装修，有效解决银行、券商、保司及保险经纪公司不同场景的销售转化需求。对于已经拥有线上销售平台的金融机构，金融微店中的相关内容模块也可以支持直接跳转外部购买链接或官网官微，形成销售转化。

　　财经早报、资讯素材、海报游戏等任意内容主题中均可嵌入金融微店快捷按钮，支持客户随时跳转了解金融机构详情。金融微店中包含了个人名片、企业资讯、热门活动、轮播广告等元素，满足客户充分了解企业品牌内涵的心理诉求。海量产品分类展示，点击直接跳转手机银行、线上商城等购买链接，并且可同步支持业绩归属确认等渠道要求。

为每个理财师配备独立网店，覆盖更多客户

店铺页面组件化装修，满足个性展现

系统化管理后台，更多会员和成交

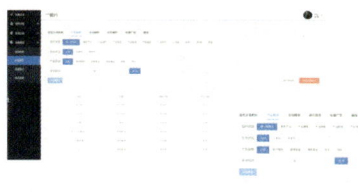

机构连接理财师网店，统一高效管理

（一）双线联动提质增效

　　通过金融微店整体解决方案，可以让客户全天在线了解金融机构当前的热门产品和服务。相当于把线下网点同步在线上进行展示，几何级提升金融机构客户接待能力，同时借助专属聊天对话窗口，让营销人员为客户提供一对一的在线专属服务，即便客户身在异地，也能无须排队实时享受 VIP 级别的优质服务。

（二）统一装修合规销售

在金融微店内，客户可以便捷地浏览各类产品及网点服务。相关内容均由金融机构统一审核上架，确保销售合规。对于额度售罄或是产品到期需要下架，也全部通过管理员实现后台集中管理，避免了线下场景中易发的宣传误导等销售违规现象。对于有实际购买需求的客户，系统也支持跳转金融机构线上平台进行合规销售。

（三）产品元素丰富多样

金融微店中上架的产品可以包括基金、理财、保险、存款、贵金属等，充分满足金融机构一站式的陈列需求。所有产品包含缴费形态、保障责任、利益演示、产品条款、海报折页、优势总结等元素，方便客户自行选择。

（四）人脉裂变永续获客

金融微店可以单独发送客户，提供产品展示介绍，也能植入早报、资讯、海报、游戏等模块，实现润物细无声。特别是结合小区群、宝妈群等社群运营开展金融微店植入营销，可以实现多度人脉裂变，客户永续经营。

金融机构使用金融微店整体解决方案既是数字化转型过程中的优化选择，也是行业发展的必然趋势。采用第三方应用解决销售闭环问题，不仅可以化解手机银行线上商城的传播瓶颈，改善金融机构的购买服务问题，同时也方便营销人员在资讯传播过程中为客户搭建金融产品购买桥梁。

金融客户在使用金融微店过程中，不仅避免了外出寻找网点、排队等候服务的烦恼，而且可以获得更大范围的自主选择权，这也符合当前阶段年轻客群的自主选择自助服务的投资习惯。

（金融微店宣传视频）

四、金融投教短视频，将优秀营销话术赋能全员

近年来，金融机构客群线上化趋势越发明显。不仅年轻客群习惯于在线办理业务，中老年客群也开始逐步接受各类自助服务模式。在此过程中，金融机构如何结合客群的在线化趋势开展投教服务也成了当前阶段亟待研究的重点课题。

Beta 理财师针对各年龄段客群阅读偏好发展趋势研究后得出结论，投教资讯视频化已经成为市场广泛接受和认可的成熟模式。但是，受制于视频文案及批量产出等痛点，行业中缺乏相对成熟的视频解决方案。

面对市场的视频投教需求和现有的市场服务空白，Beta 理财师成功地将新闻资讯、财经资讯和深度解读等内容实现了视频化的初步探索。通过前期的多次迭代已经能够对各类不同投教内容进行视频化的批量产出。

（一）新闻早报视频，洞察每日热点

通过短短 60 秒钟，让客户轻松解脱双手，视频化了解当日财经要闻。早报视频组件可直接嵌入在每日的财经早报核心位置中，并对当日头条等重要资讯进行视频化解读。客户可看可听，轻松之余借助更具画面感的视频模式来加深内容记忆。

（二）原创投教视频，助力产品带货

每天视频编辑对投教内容进行视频化产出，围绕投资者关心的各类财经话题进行视频创作。内容涵盖贵金属、保险、基金、理财等，每段视频中包含了图片、文字、音乐、动画等多种表现元素，提升客户对于产品的关注度。不同内容主题的视频均可将销售人员信息、网点热销产品等进行实时合成，助力理财师带货营销，实现销售转化。

（三）热点文案视频，提升文章可读性

对于一些涉及市场热点、全民关注的重要资讯或原创文案，系统还能随机抓取流量热度较高的资讯文章进行视频化产出。具体栏目包括：财商保典、经济解读、政策解读、市场回顾、突发解读等。在读者阅读原文之前，借助视频模式对文案要点进行初步了解，提升文章的可读性。

（四）基金保险视频，优秀经验赋能全员

考虑到金融产品中专业名词较多，图片表格也在一定程度上影响了投资者的理解和记忆，采用视频化解读金融产品可以将以往枯燥难懂的金融知识进行通俗化解读，方便缺乏投资经验的客户深入了解产品特点。利益演示也可借助视觉冲击来增强客户对于产品的需求刺激，激发客户的购买意愿。

在基金营销场景中，基金产品视频报告可以辅助营销人员进行产品路演，进而提升产品知晓度和客户接受意愿。视频报告围绕基金评分体系对各类基金产品进行可视化解读，提升页面可读性，帮助客户快速了解基金特点以及综合评价。相较于以往纯文字、数字的产品解读，既满足了客户对产品的通俗理解需求，又方便客户加深对基金产品的专业认知，从而激发客户的购买意愿。

组合诊断视频报告可以对既有客户的资产组合进行可视化诊断。视频呈现当前客户持有的基金收益情况、解读收益表现，结合客户风险偏好针对性地给出调仓诊断建议。基金客户也能依托视频报告迅速得出下一阶段的调仓方案，为后续资产配置提供操作思路。通过组合诊断视频报告，有效解决了投资者面对投资表现无从改进，营销人员面对客户资产难以提出客观建议的问题，可以为金融机构整体提升营销人员专业技能和加强客户信任度提供助力。

金融投教短视频是行业未来的发展趋势，借助 Beta 理财师来批量生产专业投教内容是将流量迅速变现的可行方案。基金、保险等专业性较强的金融产品、财经资讯视频化解读，既能够满足金融机构统一审核集中发布的合规性要求，又能解决实时热点如何快速批量产出的难题。

Beta 理财师金融投教短视频化，让客户一看就明白的投教内容解决方案。

五、保险短视频计划书，化枯燥难懂为通俗易懂

保险产品因其中间业务收入较高，向来被众多金融机构所青睐。不过，由于保险产品平均投资年限较长，年化收益不如基金股票等因素，也一直被客户所诟病。

近年来，随着经济条件不断地提升和保险保障理念的深入人心，不少客户开始逐步理解保险产品的首要作用是保障，这也为传统金融机构销售保险产品带来了更多的机会。然而机遇与挑战并存，互联网保险平台的崛起，又对传统保险渠道造成了较大冲击。

可以说，传统银保渠道对于保险业务是既爱又恨。爱的是保险产品稳定性好，对其他金融产品有较强的互补作用；恨的是产品种类多、合规要求严、销售难度大。

面对金融机构的销售痛点，如何为一线营销人员提供科技赋能，提升销售技能，优化销售流程成为了各家机构争相研究的课题。Beta 理财师历时数年研发的保险短视频计划书，就是一款能够充分满足金融机构保险产品销售场景需求的解决方案。通过系统实时生成的视频计划书，来解决销售过程中的部分痛点、难点问题，帮助销售人员轻松促单。

（一）产能提升科技赋能

保险产品因被保险人的年龄、性别、职业、健康状况等因素的不同，保费价格、保障责任也有所不同。对于同时销售多款保险产品的银行、保险公司、保险经纪公司而言，如何迅速让营销人员掌握产品特点优势，讲清保障责任也是困扰已久的难题。

短视频计划书针对金融机构销售团队能力水平参差不齐的问题，借助人工智能对保险产品责任和卖点进行拆解提炼，按照统一标准进行专业讲解。在讲解过程中，参照行业公认的优秀话术模板概括产品优势，满足保险客户对于产品的理解诉求。通过科技赋能迅速提升团队销售能力从而提升整体产能。

（二）动画展示好记易懂

传统的文字版计划书表格数字枯燥难懂，各类计算工具操作烦琐，不易快速生成。纸质产品折页又难以针对不同客户的具体情况计算演示相应的利益保障。久而久之，不少保险销售人员面对保险产品讲解望而却步，产生畏难情绪，影响产品销售。

视频版计划书动画展示通俗易懂，满足了保险客户的阅读偏好和记忆习惯。通过实时生成产品卖点，将专业内容通俗化解读，充分迎合保险客户对于金融产品的认知诉求。

（三）同屏演示远程助力

新冠病毒肺炎疫情期间，不少客户减少了出门，不愿当面交流。偶尔电话沟通后，又迟迟没有下文。微信发送产品资料往往又石沉大海，难以判断客户的真实想法。

短视频计划书发送后，营销人员可随时掌握保险客户阅读情况，并结合客户画像来了解客户的购买意愿。同屏演示功能还可为客户提供远程演示，满足多人同屏实时解答，减少了客户当面沟通耗时费力的顾虑。

通过保险短视频计划书解决方案，在满足客户阅读偏好和产品理解的基础上，还能降低销售旺季营销人员的劳动强度，把原本用于产品介绍和外拓走访的时间节省出来用于客户服务。对于销售新人而言更能实现科技赋能，利用人工智能来专业解读保险产品，从而客观公正地赢取客户信任。

（保险短视频计划书宣传视频）

六、同屏演示，为远程营销赋能

2020 年新冠病毒肺炎疫情的暴发，对金融行业造成了不小的冲击，线下展业完全无法推进，线上沟通场景性薄弱，成交异常艰难。虽然随着疫情的好转，金融行业逐渐复苏，但是疫情常态化的防控，使未来金融机构营销人员仍旧将面对线下展业随时受限的窘境。

那么如何更好地将线上营销场景立体化地带给客户，提升产品的成交率呢？Beta 理财师 APP 研发的同屏演示功能，不仅可以帮助金融机构人员打破地域空间的束缚，同时以丰富线上场景营销模式，为客户带来了更好的产品体验。

（一）产品一键触达，助力远程营销

通过同屏演示功能，可将需要展示的基金、保险产品直接发送到客户的微信中，等待客户进入，当客户打开时，即可进入同屏交流模式。

所谓同屏交流模式，就是将客户与营销人员的手机屏幕保持同步状态，在营销人员进行产品讲解时，滑动产品页面，客户的屏幕也会同步滑动，通过音视结合的方式，帮助客户快速精准地了解产品的优势。

同屏演示功能助力金融营销人员，快速触达客户，再也无须担忧发给客户资料后杳无音讯和客户查看产品时枯燥乏味，导致产品成交周期长，成交率低的线上展业窘境。

（二）多人语音交流，提升交互体验

传统的金融营销人员在为客户推荐产品时，经常会遇到家庭资产配置、转介绍等客户需求，通过同屏演示的多人语音交流，可以很好地解决异地沟通问题。

金融营销人员在进行路演时，可在任意地点邀请客户及其朋友、家人同时进行路演，帮助产品配置需求端的每位客户了解产品的特性，提质增效。同时客户遇到困惑时，也可及时选择语音与之沟通，保证客户的交流互动体验感。

（三）同屏画笔标注，突出产品优势

科学研究中发现，在接受资讯时，有91%以上是视觉接受，其他感官10%都不到。通过同屏画笔的使用，很好地解决了客户在接受产品资讯时，可能被折损的问题。

金融营销人员在为客户线上讲解产品时，可通过同屏画笔的功能，标注出产品的优势内容，加深客户对于产品优势的印象。同时，客户在听完讲解后，也可以选择"我要控制"按钮，选择同屏画笔，及时圈出问题，由销售人员为其解答。

目前，同屏演示功能不仅满足于基金、保险产品同屏演示，而且还支持随手转同屏演示、发资料同屏演示，帮助营销人员丰富互动场景，有效触达、转化客户。

（1）发资料＋同屏演示：营销人员或客户经理在为客户进行产品推介后，可使用发资料＋同屏演示方法，帮助客户快速学习线上产品的购买操作步骤，实时促单成交。同时，也可为客户说明金融机构活动、线上手机银行、线上智能核保等操作流程，打破空间限制，及时为客户提供服务。

（2）随手转＋同屏演示：可对高净值客群进行邀约，打破空间限制，营造线上微型沙龙场景，为客户宣讲投资理念，提升客户财商。

同屏演示功能，有效地化解了金融营销人员隔空交流困难的问题，即使与客户不见面，但有如面谈的沟通效果。帮助金融从业人员更准确、更便捷地为客户介绍产品、解答疑虑，提高工作效率，同时丰富的同屏演示场景，为金融营销人员与客户之间搭建起了沟通桥梁，可以轻松获客、转化。

（同屏演示宣传视频）

第五章　客户池，最长情的告白是陪伴

如何将同质化投后升级为专业的财富管理？

投资才是服务的起点，陪伴是对客户投资最长情的告白。用数字化手段，让投顾服务变轻松。每逢异动必提醒，投资陪伴随时随地；一键投后报告，为营销者扩大管护半径；智能组合调仓，创造复购机会点，真正实现财富陪伴与财富动态管理。帮助金融机构，降本增效留住客户。

一、当我们说"投后陪伴"时，具体应包含哪些内容

投后陪伴主要是指，客户投资一只理财产品之后，投顾如何陪伴、帮助客户及时了解投资产品的运行状况、业绩表现，分析理财环境变化对该产品的影响，如何做好合理应对等。一项优质的投后管理服务，可以令客户感到投顾不是把产品卖给他就不管了，而是无论理财环境、理财产品如何变化，投顾总是陪伴在侧、与他共同应对。这样可以有效提升客户对投顾的信任感，同时也为投顾创造了更多的交叉销售的机会。

当一个客户投资了一只产品后，他关心的重点将会转向：

这只产品表现如何？是否符合购买时的预期？

表现是否契合目前的市场？是否需要调换产品？

理财市场环境变化了，这只产品是否还契合当初购买的需求？

理财产品有了变化，如投资经理变了，是否需要换一只产品？

等等。

这些投后需求大致可以分为两类：

一类是，想了解所买的产品怎么样了？

另一类是，情况发生变化了，应该怎么办？

因此，一个成熟、系统的投后服务至少需要包括两个层面的内容：

第一个层面的服务是帮助客户及时了解所投资产品的运行情况，主要是理财产品的异动提醒与资讯服务。

第二个层面的服务主要是帮助客户更好地决策如何调整理财组合，主要包括解疑答惑（投资者教育）、理财建议与情绪安抚。

（一）解疑答惑

理财师及时解答客户对理财产品、宏观政策、理财知识等方面的疑惑，有助于增强客户理财修养的提升、有助于增强客户对理财师的信任。

（二）理财建议与情绪安抚

理财产品的净值有时会出现较大的波动，甚至超预期的下跌。这时，客户的投资情绪会出现波动，投顾需要给予客户专业的理财建议支持。

如果这只产品的投资逻辑没有变化，那么理财师应及时地安抚客户情绪，有助于客户克服人性的弱点，坚守长期持有的理财信念，从而获得预期的收益率，避免出现追涨杀跌而损失收益。

如果这只产品的投资逻辑有变化，客户原来的理财组合不太合理时，客户需要理财师给出专业的推荐建议，帮助他做出合理的理财调整决策。

二、有异动必提醒，移动展业效率倍增

一个完善的智能异动提醒系统需要包含五个层面的内容。

（一）理财产品本身变化的提醒

理财产品本身变化的提醒主要包括理财产品的净值表现、投资经理变化、分红、定期报告等内容，其可以方便理财顾问或客户及时了解理财产品自身的变化，及时做出投资决策。

理财产品自身变化包含的内容比较丰富，以 Beta 理财师异动提醒功能为例，主要包括盈亏监控、资金计划、决策提醒、客情维护等方面。

资料来源：Beta 理财师 APP。

理财顾问设置好需要提醒的内容以及对应的阈值之后，就可以及时地了解客户所购买的或者关注的理财产品的变化。

当客户所购买的基金浮动收益率超过预设的阈值之后，智能投后管理系统就会提醒理财顾问或者客户，他的基金收益率达到了预期的收益率，方便客户及时做出兑现利润或者继续持有的决策，从而成为客户的理财决策助手。

资料来源：Beta 理财师 APP。

　　同样，智能投后管理系统会在理财顾问或者客户关注的基金出现暂停申购、赎回时，及时提醒客户，也会在定期开放日之前提前提醒客户及时做好申购或者赎回准备，成为客户资金计划的智能助手。

资料来源：Beta 理财师 APP。

（二）理财产品管理风格变化的提醒

理财产品未来一段时间的业绩表现如何，除了理财市场整体表现之外，投资经理的管理风格是否发生变化是个很关键的因素。

投资经理的管理风格主要包括：

投资风格偏好，如成长价值风格偏好，大小盘风格偏好；

行业偏好，如偏好电子行业；

主题偏好，如偏好 5G 主题；

业绩弹性偏好，如稳健还是激进。

随着理财理念的成熟，理财顾问在向客户建议购买基金等理财产品时，会认真分析不同基金的投资风格、投资偏好。在对未来理财环境展望的基础上，选择那些最擅长这种理财环境的产品。

如果投资经理的投资风格、投资偏好发生了变化，那么这只基金在同样的理财环境里的表现就会跟理财顾问或客户的预期有差别，有时差别会较大，从而影响了客户理财组合的预期收益。

举一则中欧先进制造股票 A 的例子，2020 年 6 月 24 日基金经理于浩成离职，而根据基金净值特点刻画出来的基金风格，在该经理离职前的半年中，基金发生了明显的风格变化：在 2020 年初之前，主要是以周期、医药风格为主，科技风格较少，而 2020 年以来，主要是以科技、医药风格为主，周期风格较少。

若客户持有该基金，则客户的理财师，应该及时发现基金风格的变化，并跟进投后事项。比如，如果理财师在 2019 年向客户推荐了这只周期风格偏好为主的基金，即使基金在 2020 年风格漂移为科技风格带来收益率的提升，但是从理财师与客户角度来看，可能会打乱他们的资产配置思路，需要及时与客户沟通，看是否需要调整。又比如理财师通过风格变化信息，也可以建立警惕，观察该基金经理风格如何发生漂移、基金经理能力圈如何发生变化、基金经理是否已有离职和代理的打算，合理预判和及时沟通调整预期，是投后工作的重要体现。

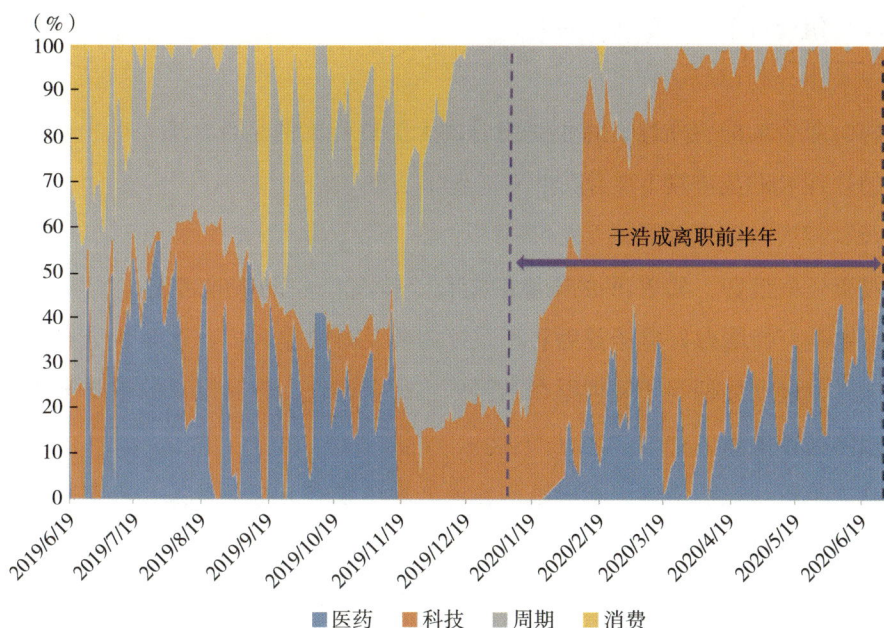

于浩成离职前半年

医药　科技　周期　消费

资料来源：Beta 基金经理数据库，截至 2020 年中报。

　　智能投后管理系统需要及时分析投资经理风格的变化情况，帮助客户持有他最认同、最适合持有的产品。

（三）理财组合诊断提醒

　　理财组合诊断是智能投后管理的重要内容。

　　客户建立理财组合之后，这个组合是不是合理？组合的配置结构是否契合客户的风险偏好类型？是不是适合当前的理财环境？需要组合诊断，以便于组合优化。

　　即使客户的理财组合适合当时的理财环境。随着理财环境的变化，这个组合是否适应目前的理财环境？组合里的不同产品的表现各有差异，目前的组合结构是否适合这位客户？同样需要组合诊断。

　　以 Beta 的客户组合诊断功能为例，组合诊断主要包括：

　　（1）组合持仓产品的综合评价。

（2）组合持仓产品的表现评价。

（3）组合的市场适应度。

（4）组合的配置质量，特别是组合的大类资产比例是否合理。

（5）组合的集中度。

（6）组合的调仓效果。

对于一个组合，随着理财环境的变化、持仓产品的表现差异，组合不够合理、需要改变的地方，智能投后管理系统需要及时提醒客户，这是买方投顾理念的体现，也是理财顾问开展理财顾问服务、组合调仓、产品推荐的重要场景。

陪伴场景举例 A：

投顾小王：赵总您好，上次跟您沟通之后已经有 1 个多月了，我们跟您回顾一下您的理财组合表现。

客户赵总：好的！我正想看一下我买的理财产品最近表现得怎么样了，你们的理财服务总是这么及时。

投顾小王：您的理财组合健康度评价 75 分，跑赢了 45% 的同类客户组合。

组合健康明细

BTEA评分

择时效果　　个基表现

75
组合整体表现一般

组合集中度　　市场适应度

配置质量

客户赵总：整体分数不高嘛！什么方面不够好？

投顾小王：主要是您的理财组合里，股票资产比例大幅偏高，容易导致组合收益波动过大，超出您的风险承受能力。

客户赵总：是的，最近净值波动大，有点受不了。应该怎么优化一下呢？

投顾小王：根据您的风险类型，建议资产结构做如下优化调整，令您的组合变得更加均衡。

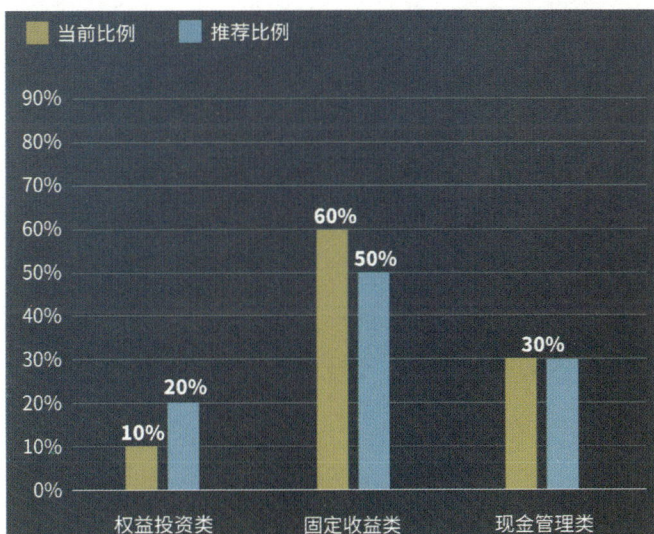

投顾小王：调整后的组合波动率下降了，而业绩表现依然优秀。

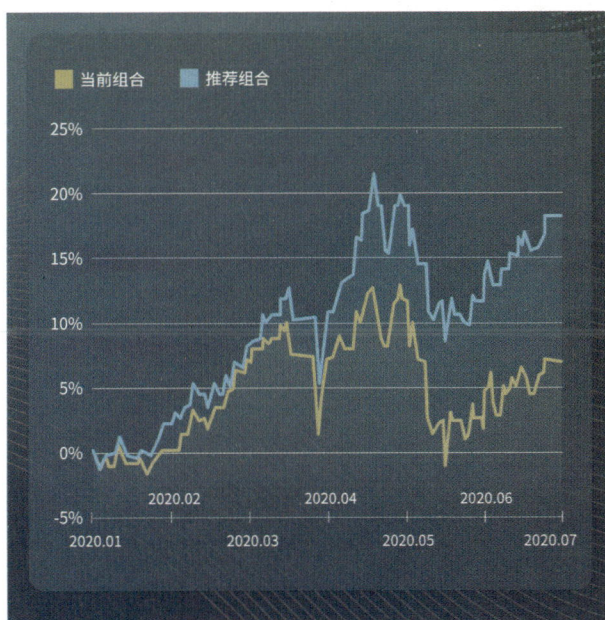

客户赵总：嗯，推荐组合的确比之前的那个要更好一点，我来调整一下组合。

（四）理财产品风险的交叉提醒

产品之间有一定的关联性，一只产品的变化可能会对同一发行公司的产品、同一类别的产品、同一行业的产品、同一地区的产品甚至非同类产品带来影响。

例如，一只固收产品有违约风险，那么同一个发行公司的其他固收产品均会有违约风险，需要及时提醒。

智能投后管理系统就可以在产品画像、知识图谱的支持下，做到交叉投后管理，有助于理财顾问或者客户，及时做好风控措施，尽量避免损失。

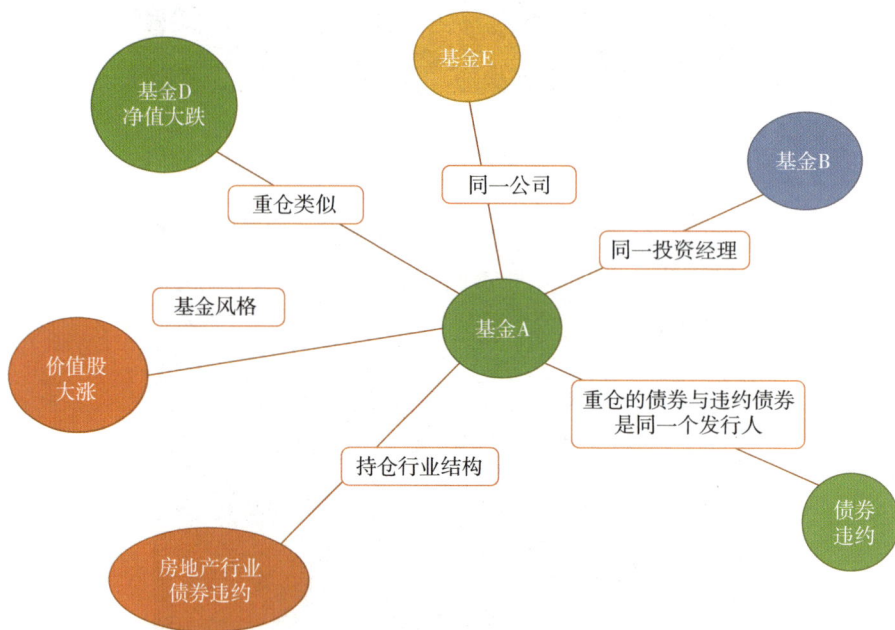

资料来源：Beta 基金研究。

（五）理财环境变化的提醒

理财产品的业绩表现，除了管理人的管理之外，还受理财市场变化的影响。

不同类别的产品，影响他们业绩的理财环境因素、程度并不相同。

这些理财环境的变化可能包括：

宏观政策变化，如降息、降准。

宏观经济变化，如经济减速。

资金面的变化，如社融总额增速提速。

风险溢价的变化，如违约风险上升。

行业政策的变化，如资管新规。

投资信心的变化，如投资信心上升。

同样的理财环境变化对不同的理财产品的影响是不同的，

例如，市场投资信心下降、避险需求上升，就需要对股票基金的持有客户提醒风险，对债券基金、黄金主题基金的客户提醒机会。

同一个理财产品，可能理财环境因素里一部分是正向影响的，另一部分是负向影响的。

例如，央行降息对冲经济下滑的影响，对于一只股票基金来说，降息是正向影响，有助于降低成本改善盈利，有助于提升估值。同时，经济下滑对股票基金是负向影响的。

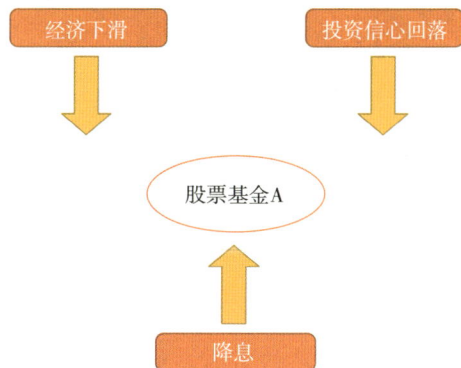

资料来源：Beta 基金研究。

三、智能话术助手，解答客户的"十万个为什么"

为客户理财答疑解惑是理财顾问服务的重要内容，也是很占用理财顾问时间的服务。对于单个理财顾问来说，独立完成客户的理财咨询，是一个有压力的任务。

一方面，客户的理财需求可能是各式各样的，一个投资顾问的知识面毕竟有限，未必所有客户的需求问题，投顾全都了解。

另一方面，随着投顾服务客户数量的增加，一个投顾如果不借助工具，很难对大部分客户做出有质量的解疑答惑服务。

借助 NLP、知识图谱智能推荐等技术，智能投顾功能可以帮助投顾很好地完成为客户解疑答惑的任务。

（一）解疑答惑更敏捷

自然语言处理 NLP 技术可以帮助智能理财顾问快速地理解客户想了解的内容或者理财方面的疑问。

智能理财顾问基于财经基础知识、金融产品信息、投资经理画像、理财要素间的事理图谱等知识，可以快速地给出合理的理财建议。

陪伴场景举例 B：

客户赵总：小王你好，最近大家都在说人民币汇率大幅升值了 3700 多点，人民币汇率不是 7 点几吗？怎么会涨几千点？

智能投顾功能迅速理解客户赵总的需求，是想了解人民币汇率近期大幅上涨的原因，以及未来该如何调整自己的理财组合。使用知识图谱，智能投顾在 1 秒钟内给出了投顾话术。

根据智能投顾话术，投顾小王快速响应了客户的咨询，给出了合理的建议。

投顾小王：赵总您好，美元走弱、中国经济复苏强于海外、中美利差维持高位是促使近 3 个月人民币大幅升值的三大原因。

客户赵总：美元指数走弱？我印象里，美元不是走得很强吗？

投顾小王：对的，美元指数在今年第一季度之前是表现很强的，但是从第二季度开始，美元指数持续回落。

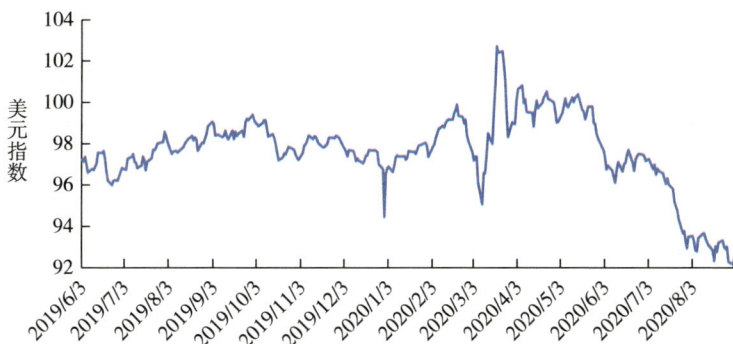

客户赵总：的确是。

投顾小王：您说的人民币汇率升值 3700 点，这里说的是 3700 个基点，一个基点等于 0.0001，相当于说美元兑人民币的汇率值下降了 0.37。这个升值幅度的确比较大。

客户赵总：人民币汇率这么涨，我是不是需要把美元存款换成人民币存款？

投顾小王：如果您的美元存款没有明确的短期用汇需求，建议可以部分换成人民币计价的现金资产；如果您的美元存款有明确的短期用汇需求或者在您的资产里占比较低，就没有必要特意换为人民币存款了。

客户赵总：那我持有的美股基金需要卖出吗？

投顾小王：人民币升值有利于人民币资产，投资者值得适度增持一定比例的以人民币计价的中国资产，如投资 A 股的基金。至于美股基金，还需要根据目前美元资产配置的现有比例来决定。如果您目前对美元资产的配置比例比较低，那么减持美元资产的必要性就不大。如果您目前对美元资产的配置比例比较高，那么就需要减持部分美元资产。

客户赵总：说得很清楚，谢谢！

从客户提出理财疑问，到投顾给出智能解答，所用时间以秒计算。

对客户需求的快速响应，大大提升了客户的理财体验，有一种投顾在时刻准备着为他服务的感觉。随着理财服务在线化趋势，客户对随时随地得到理财服务的需求越来越强烈。这种快速响应式的解疑答惑服务，令这种理财需求体验成为现实。

有了NLP、知识图谱技术的支持，投顾节省了大量的为回答客户疑问而需要准备资料、观点的时间。同样的时间里，可以解答的理财需求数量大大增加，可以同时服务的客户数量大大增加。

（二）解疑答惑更专业

提升服务的专业度是每一位理财顾问努力的方向。

但是实践里存在着两方面的难题：

一是单个投顾的知识面毕竟有限，只能对部分理财疑问比较擅长解答。

二是对客户的理财疑问，如果只是教科书式的泛泛而论，客户并不满意。

借助知识图谱，特别是事理图谱，投顾能够专业回答的问题大幅增加，知识图谱有效地拓宽了投顾的知识面。

不仅如此，知识图谱的应用，还可以帮助投顾给出更加精准的解答。

例如，美联储降息，客户想了解自己的理财组合该如何调整。

对于降息，每位理财顾问都能讲上几句。美联储降息了，按照教科书里的理论，降息有助于改善企业的盈利能力与现金流，有助于改善股票、债券的估值，对股债资产均有利。这是比较容易做到的一个推荐建议。

但是客户对这种解释并不满意。

一方面，每次降息，对各类资产的影响程度并不相同，甚至影响的方向都是不同的。因为每次的理财环境并不相同，投资者对降息的理解也不相同。例如，2020年3月15日的美联储大幅降息100个基点，降息幅度超预期，但是市场对此的理解却是负面的，大家担心经济差得超预期，所以美联储才会这样降息。一概而论式的对降息点评，对客户理财决策并没有太大的帮助。

另一方面，这种简单的教科书式的解答，在很多地方均可以看到，客户希望投顾能够结合他的理财特点而给出专业的解答。

另外，智能化投顾可以很好地满足客户的这种需求。

首先，美联储降息因为所处理财环境不同，对资产的影响是不同的。

智能投顾在分析美联储降息影响时，不是做简单的教科书式的评价，而是给出历史上每次美联储降息后的不同时间段里的资产表现，令客户对降息有一个更直观的感受。

只做到这一步，对客户的帮助还不够，因为历史上看降息后，各种资产均可能涨也可能跌，那么这次会如何？

智能顾问服务可以从历史上每次降息的理财环境里选出与目前这次降息的理财环境最类似的几次，那么这次降息后的资产表现大概率会跟类似理财环境下的降息后表现比较接近。

这样的服务，既直观、可视化程度高，又具有很高的理财指导价值。

智能投顾在一定程度上做到了让专业看得见，可以有效提升客户对理财顾问的认可。

四、与客户情绪陪伴和情感共振是最高阶的销售技法

客户购买了理财产品，是投后服务的开始而不是投顾服务的结束。

随着理财环境的变化，客户购买的理财产品净值会相应波动，甚至出现与客户预期相反的情况。这时，是应该坚持持有还是及时卖出这只产品呢？客户非常需要投顾的专业指导。

投顾需要帮助客户仔细分析，理财环境变化或者理财产品的表现超预期时，当时的理财决策理由还是否成立。

如果理财投资的理由依然成立，那么代表理财产品表现只是短期的不符合预期，这时客户不需要卖出这只产品，反而应该坚持持有。为了让客户做到坚定持

有，投顾就需要及时分析产品表现跟预期有差异的原因、未来的变化方向，帮助客户平复情绪，坚定持有信心。

如果原来的理财投资理由发生变化，需要更换理财产品，那么投顾就需要及时给出理财组合调仓建议，哪些理财产品需要卖出，哪些理财产品值得增持，以及相应的投资理由。

投顾需要在如下几种情景里给出理财建议：

（一）基金表现大幅异动时给出建议

陪伴场景举例 C：

长城久嘉创新成长混合基金 8 月 7 日下跌 4.28%，跑输沪深 300 指数 3.13 个百分点。

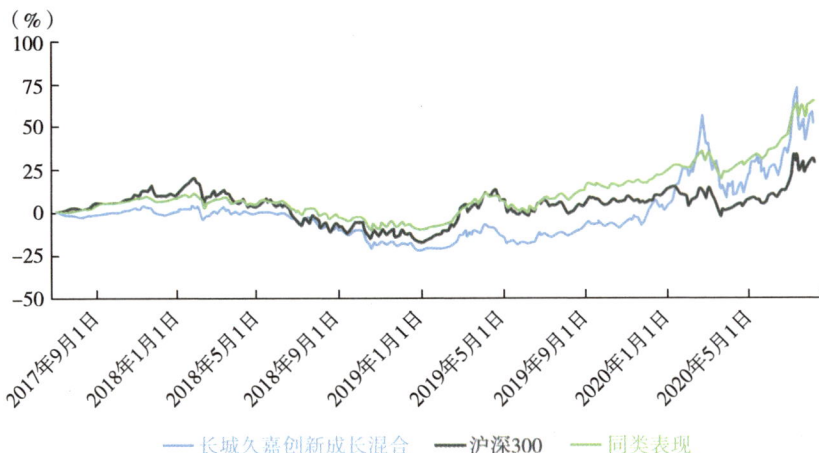

资料来源：Beta 基金数据库。

简单从 2020 年的业绩表现看，这只基金的表现还是挺好的，但是 2019 年的相对表现偏弱。面对单日大幅下跌，特别是大幅落后于当日市场整体表现跟同业，持有这只基金的客户是该坚定持有还是及时卖出呢？

这时投顾就需要从单日大幅下跌的原因、基金的特点、投资经理的能力等多个维度为客户做出点评。

"基金持仓偏好电子，今日基金重仓个股中微公司、长电科技、闻泰科技均跌幅超过5%。该基金整体业绩优异，基金经理龙宇飞和尤国梁，都是业绩出色的新锐基金经理。"

显然，基金单日的大幅下跌主要是市场风格短线波动带来的，基金所重仓持有的科技股，长期值得看好，短期会有一定的波动。

如果客户是基于看好中国科技行业的前景而买入这只基金的，那么他看到这个分析后，就能够坚定持有信心，从容面对短期的净值波动。

陪伴场景举例 D：

中海可转债债券 A 基金在 8 月 6 日上涨 2.01%，跑赢沪深 300 指数 2.31 个百分点，跑赢国债指数 2.05 个百分点。

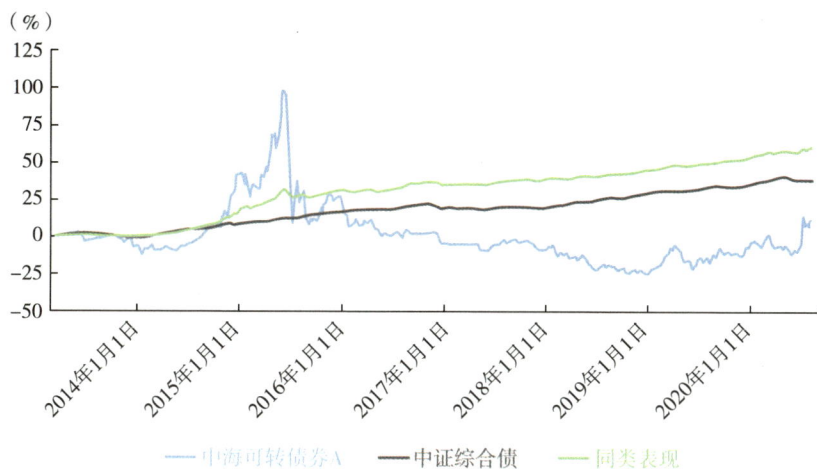

（%）

中海可转债券A　中证综合债　同类表现

资料来源：Beta 基金数据库。

这样一只大幅上涨的基金，持有者肯定是很开心的。那么这只基金是否值得持有呢？同样需要投顾从单日大幅下跌的原因、基金的特点、投资经理的能力等多个维度为客户做出点评。

"该基金是一只可转债基金，从最新的二季报可以看出该基金的股票持仓主要偏好证券股。基金今日上涨 2.01%，跑赢沪深 300 指数 2.31 个百分点，跑赢国债指数 2.05 个百分点。基金今日较好表现主要是由于持有较多的证券股与证券类可转债今日整体大幅上涨带来的。虽然单日涨幅较大，但是该基金整体管理能力偏弱，业绩波动率大，建议稳健投资者更换基金。"

客户在投顾的帮助下，就能很好地理解这只基金的特点是行业集中度高，主要是在金融行业。这种高行业集中度的投资方式，会带来比较激进的净值表现。当金融行业表现好时，业绩非常好，但是一旦金融行业表现比较弱时，这只基金的业绩就会比较差，也就是说这只基金的业绩波动会比较大，不够稳健。持有这类风格的基金的客户的投资情绪就会大幅波动，很容易在净值低位卖出基金，导致实际投资收益不佳。

所以投顾一般会建议他的稳健型客户更换基金。

（二）政策变化时给出建议

部分宏观政策、行业政策出现较大的变化时，会对理财环境产生重大影响。客户的理财组合也需要相应地做出优化调整。

例如，人民银行降息，投顾就需要帮助客户分析：

此次降息的原因是什么？

降息将会对经济、资金面、市场利率的走向产生什么影响？

哪些资产将会更加受益？

相应地，

客户的理财组合需要做什么合理调整？

哪些理财产品值得推荐？

哪些理财产品需要减持？

（三）资产价格异动时给出建议

当某一类资产价格出现大幅波动时，客户就需要做出是否增持或者减持的决策。

例如，股市某一日下跌 5% 或者某一段时间大幅下跌超过 20%，客户需要减持，甚至卖出持有的偏股基金吗？还是需要坚定持有，甚至逢低加仓偏股基金？

做出这些理财决策，需要投顾帮助客户及时分析：

此次大跌的原因，

股市是否已经比较充分地反映了利空冲击？

股市是否已经整体具有投资价值？还是处于持续回落的途中？

客户持有的基金，投资风格在市场回落场景里是否抗跌？

如果市场未来出现反弹甚至反转，目前客户持有的基金是否能较好地分享到上涨的机会？

只有做好了这些分析之后，投顾跟客户才能比较合理地做出理财决策。

陪伴场景举例 E-1：

一日，A 股沪深 300 指数下跌 1%，但是客户赵总持有的基金 A 大幅下跌 2.5%。

客户赵总： 小王，今天基金 A 怎么跌得这么多？从上次你推荐买入后，现在已经亏损 5% 了。是不是这个基金不行啊？我想干脆卖了算了。

投顾小王： 赵总您好，抱歉让您的资产暂时受损了，我非常理解您的心情。在您决定卖出之前，请允许我跟您分析一下这只基金为什么会出现大跌？当时我们购买这只基金的理由还是否成立？

客户赵总： 好，说说看。

投顾小王： 基金 A 今天大跌，主要是市场风格的短期波动带来的，这是一只偏好科技行业主题的基金，受到海外政策信息的影响，今天 A 股的科技板块普遍回落较大。

客户赵总： 这个我知道，既然有这个外部风险，是不是这类科技主题的基金就不能持有了。

投顾小王： 我行研究部对此次海外政策的变化作了最新的分析，认为对国内科技公司的实际影响较小，更多的是心理上的冲击，经过这一段时间的下跌，科技股的估值已经比较充分地反映了海外政策的影响，特别是在海外政策影响下，我国将会更加重视自身科技实力的提升，国内科技行业的政策支持力度只会增加不会减少。我们长期看好科技行业发展前景的观点没有变化，仍然建议长期持有科技主题的基金 A。

客户赵总： 你说的有道理。我看到净值下跌得比较多，心里有点着急。我还是继续持有吧！

赵总继续持有基金 A。科技板块在随后的 3 个月里，稳步上涨，突破前期高点，获得了 20% 的阶段涨幅。

陪伴场景举例 E - 2：

资料来源：Beta 理财师 APP。

客户赵总：小王，感谢感谢！上次幸亏你帮我分析了基金 A 的投资价值，没有在最低点卖出。我现在已经浮盈 15% 了，到我心目中的收益率了，现在是继续持有还是卖出获利？

投顾小王：恭喜赵总！从我们的最新研究观点来看，科技行业的政策环境、基本面正在改善中，未来股价有上升空间，基金 A 的基金经理有科技专业背景、擅长科技板块的投资，建议您继续持有基金 A，分享国内科技行业发展的机会。

客户赵总：好的！有你的时刻陪伴式理财指导，我心里踏实多了。

投顾小王：感谢您的信任！做好陪伴式理财服务是我行投顾的职责，您有任何理财需求，欢迎及时沟通！

第六章 客户池，精细化运营与后台管控

如何将粗放式机构管理升级为高效精细化运营？

精细化运营的水平是决定机构数字化时代竞争力的关键要素。其中最重要的三点是"人""行动"及"数据"的精细管理。具体来说，人的管理，体现在对客户分层分群、结合业务目标、场景、产品的精细化经营与服务；行动管理，体现在对营销者的展业行动全旅程、全链路的监控，获客、活客、交易推动、售后服务细颗粒度的任务管理。数据管理，体现在对全景实时海量数据、精细化的标签管理体系及行业经营的数据洞察上，精准地推荐客群运营、产品运营及销售提升策略，系统化地提升团队运作效率，提升整体数字化水平。

一、大规模精细化客户运营方法及实践

零售银行市场的竞争现状：

一方面，新的客户资源已基本开发殆尽（渗透率高），客户服务及销售进入存量时代，各家银行对高价值客群的争抢异常激烈。调查显示，中国的高净值人群人均有六家银行在服务。不仅如此，来自财富、券商、外资机构的服务挑战亦

越发激烈。

另一方面，大量存量客户沉睡在银行系统中，营销人员的管护范围及服务半径始终难以突破。在一线城市中，大量 AUM 超过 50 万，甚至 100 万的优质客户亦处于实际无人管护的状态。

今天的零售银行迫切需要精细化的服务来留住并吸引优质客户，同时也需要大规模应用的能力以扩大服务半径，盘活存量，尤其是海量的长尾客群。

（一）那么什么是"精细化客户运营"呢

是以客户为核心，通过价值分层、生命周期、特征属性等方式将客户更细颗粒度地分组，并进行针对性、个性化运营的经营方式。批量、系统化的专业服务，及数据驱动、不断精益，是精细化客户运营背后的核心逻辑。

根据对象规模及复杂程度，我们将客户运营分为两个阶段。

第一阶段，小规模客户运营，指针对某一部分客户，如高价值客户的集中式运营，精耕细作的满足差异需求。以私行为例，"1＋N"的服务，围绕高净值客户背后的"人—家（庭）—企（业）—社（公益）"高度个性化地满足需要，输出服务；围绕共性需求的客群，开展活动，链接产品、服务与资源，就是一种小规模精细化客户经营的极致表现。

第二阶段，大规模客户运营，指批量化针对海量人群，尤其是中低价值及长尾客群的批量营销。

小规模的精细化更依赖个人，大规模客户（数十万百万）运营则更靠规则、机制及系统。本书主要针对第二阶段规模化的客户精细化运营展开。

（二）精细化客户运营常用的三大模型体系

客户的分层（分群），我们在前文中已有过详细说明，在此重点阐述另外两类策略体系的使用及其在 Beta 产品服务中的具体体现。

| 用户生命周期 | 用户分层/分类 | 用户行为激励 |

私行
财富
富裕户
万元户
千元户
小额用户
普通用户

以上三大系统，既可单独应用，也可复合应用

（三）规模化精细化客户运营的实施步骤

1. 实时多维的数据积累（养鱼）

数据是一切规模化客户运营的基础。在银行的数据仓库中，储存着大量关于客户地理、人口及交易的数据。然而，金融的低频及长期性的特点，决定了这些数据常常是陈旧的、缺少时效性的，难以为运营活动提供充分的支撑。

对于更加高频、代表时效性商机的"客户行为数据"较为缺乏。一般来说，行为数据分为两类。一类在银行的各种私域矩阵中（如手机 APP、公众号、电销、活动页面等）；另一类留存在客户使用/浏览的外部平台中。Beta 以财经资讯为载体，提供了海量实时的客户行为数据。通过隐私加密技术，行方数据与 Beta 的数据可合规打通，并以此为基础形成高度精准、时效性的客户画像及洞察，为客户的精准化运营提供夯实基础。

区别于一般的外部平台，Beta 的数据有以下两方面的优势：

（1）海量的财经资讯，平均每篇文章 200 万阅读量。内容和标签与金融高度相关，财经资讯是离成交最贴合的场景。

（2）图文音视游戏，柔性趣味内容投教。千人千面，推客所需，使客户更乐于阅读/互动，从而将低频的金融需求变为高频互动，将硬广告变软投教。在趣味、自然的互动中，潜移默化地沉淀有价值的客户数据。

BETA千人千面早报阅读轨迹

BETA千人千面、内容、视频可以记录客户行为包括访问内容、行为数据，如点击次数、时长、转发次数、分享次数等以及访问轨迹。客户在微信生态内的行为轨迹数据记录以及可视化呈现。

BETA游戏、活动营销平台：精细化打通客户全生命周期旅程

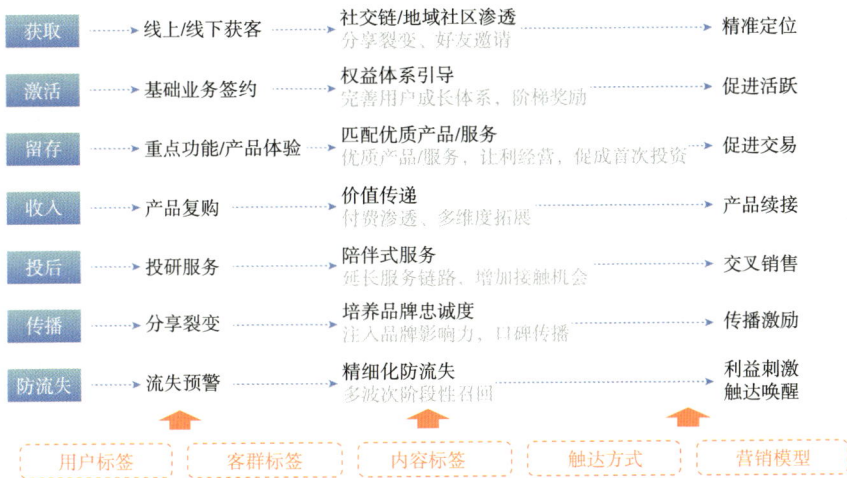

Beta 活动游戏设计体系

2. 应用模型生成营销策略

（1）客户生命周期模型。

所谓"客户生命周期管理"，即从客户考虑购买哪一家金融机构服务，到开户后对其收入贡献和成本的管理，流失倾向的预警和挽留直到客户流失后进行赢回的整个过程。它从生命阶段管理的维度，勾勒关键的价值创造环节，形成营销价值链，以帮助金融机构找到制订客户策略的入手点。

具体到客户的运营，这一模型的核心价值在于服务：①提升客户的 LTV（生命价值），提升客单价及复购；②延长客户的生命周期。

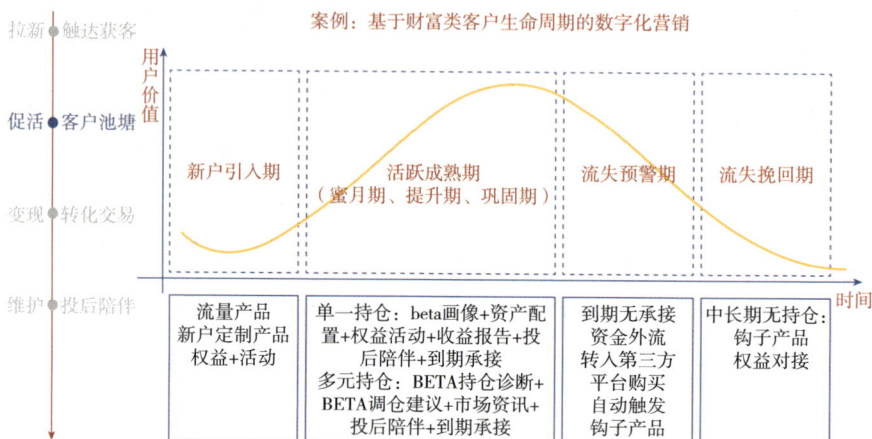

案例：基于财富类客户生命周期的数字化营销

以财富类客户为例，以生命周期模型描绘客户的不同阶段并指定针对性的运营/提升策略。

Beta 策略库中部分基于生命周期方法的策略展示：

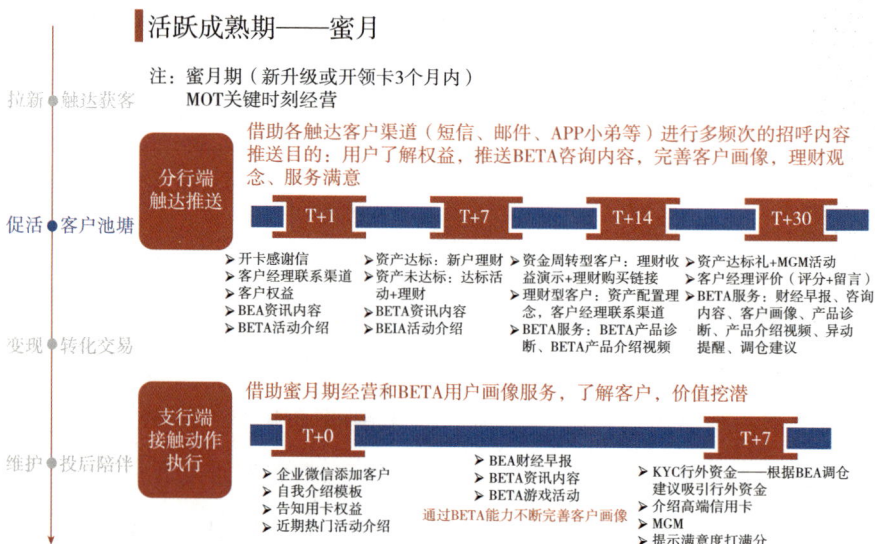

▍活跃成熟期——提升

注：提升期一般为持卡或达标3个月以上的资产临界客户

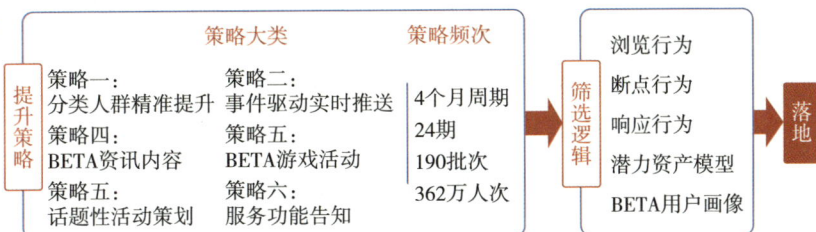

从数据到策略到工具及内容，端到端地提供解决服务。

条件及策略已实现完全自动化，并支持根据行方业务特点的个性化进行定义。

（2）客户行为激励模型。

客户行为激励：简单来说，依据业务逻辑/商业模式，分析现有客户路径和行为与目标/理想状态之间的差距，通过激励的手段，引导客户做出相应关键行为，养成所期待行为习惯的经营方法。是从行为维度，对客户进行精细化运营/引导的一种策略。

决定用户是否要被激励的两个点：

1）路径：即如果不做激励，这个业务/产品模式就不成立。

方法：梳理业务逻辑—归纳业务/产品路径——关键行为项。

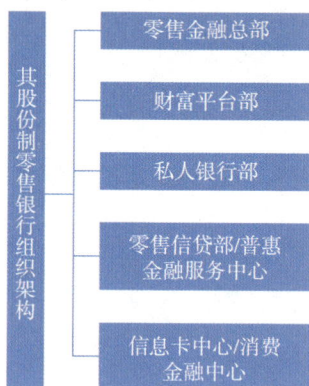

某股份制银行的零售银行组织架构

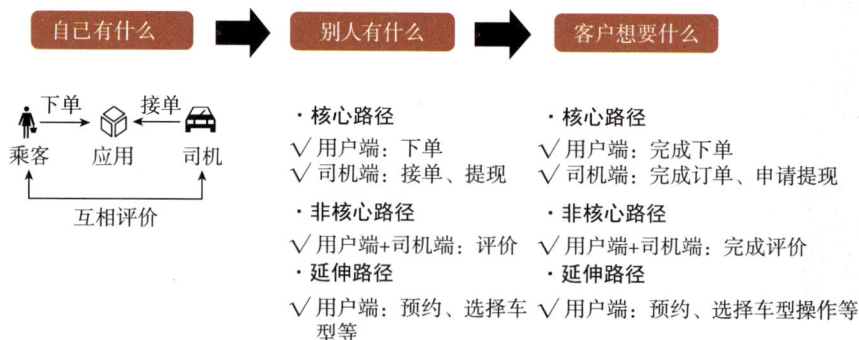

某打车平台的业务模式梳理

2）目标：机构/上级管理相关的指标。

方法：核心指标——关键行为项。

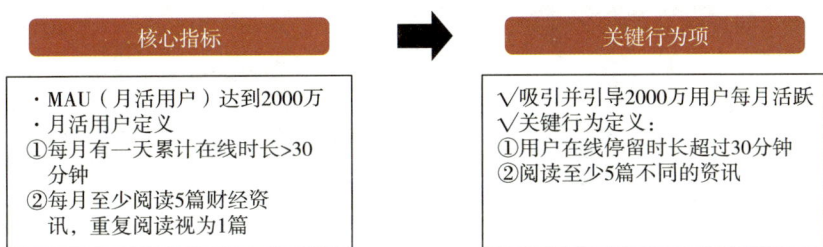

核心指标	➡	关键行为项

核心指标	关键行为项
·MAU（月活用户）达到2000万 ·月活用户定义 ①每月有一天累计在线时长>30分钟 ②每月至少阅读5篇财经资讯，重复阅读视为1篇	√吸引并引导2000万用户每月活跃 √关键行为定义： ①用户在线停留时长超过30分钟 ②阅读至少5篇不同的资讯

激励手段：

自己有什么	+	别人有什么	+	客户想要什么	=	具体给什么
·金钱 ·权益		·对方有什么诉求 ·我能提供什么 ·我能置换什么		·与产品有关 ·与功能有关 ·与生活有关 ·与价值有关 ·与身份有关		给客户想要的 且自己可以提供的 换取你希望获得的

　　思考：应尽可能围绕机构自身的核心价值，设计激励手段。为利来者，利尽则散——是金融活动，特别是权益机制的效果现状。空有热闹的营销活动，并不适合金融为属性的业务模式，即便有短期效果，活动停止后效果注定是断崖式下降。

　　3. 持续复盘及精益

　　（1）端到端的设计客户运营活动。

确认用户运营目标	挖掘用户类型使用场景、用户行为路径与运营目标间的关系	设计精细化运营方案和策略	上线实施	数据监测持续优化迭代
例如：确定要用户增长、促活、AUM提升还是产品销售	分析现有数据情况，寻找不同类型用户群体之间行为路径的差异性	根据上一步对用户分类或分层的分析，进行一步设计运营方案	跟进方案活动上线	根据数据监测，对活动效果进行评估，持续优化方案效率

　　（2）活动运营闭环。

- 设定目标
  - 用户属性、行为、价值标签建立
  - 活动运营成本预测
  - 数据指标体系建立
- 方案策划
  - 触达通道、方式甄选
  - 历史活动数据回溯
- 技术实现
  - 数据采集需求实现
  - 活动实现逻辑承接
  - 运营平台策略打通
- 效果评估
  - 活动触达规模
  - 产品承接效果
  - 步骤转化效果
  - 业务结果贡献
- 策略优化
  - 活动ROI评估
  - 问题诊断与优化
  - 薅羊毛用户识别

活动运营闭环

（四）Beta 在上述精细化运营上的迭代

在上述方法之上，基于大数据及海量的模型及策略，依靠自动因子技术让机器自动学习并发现新规律，动态形成策略，并形成了 Beta 独特的精细化客户经营方式。根据客户、产品、时机、渠道的动态信息，实时批量化地实现一客一策，将金融精细化运营再上一个台阶。

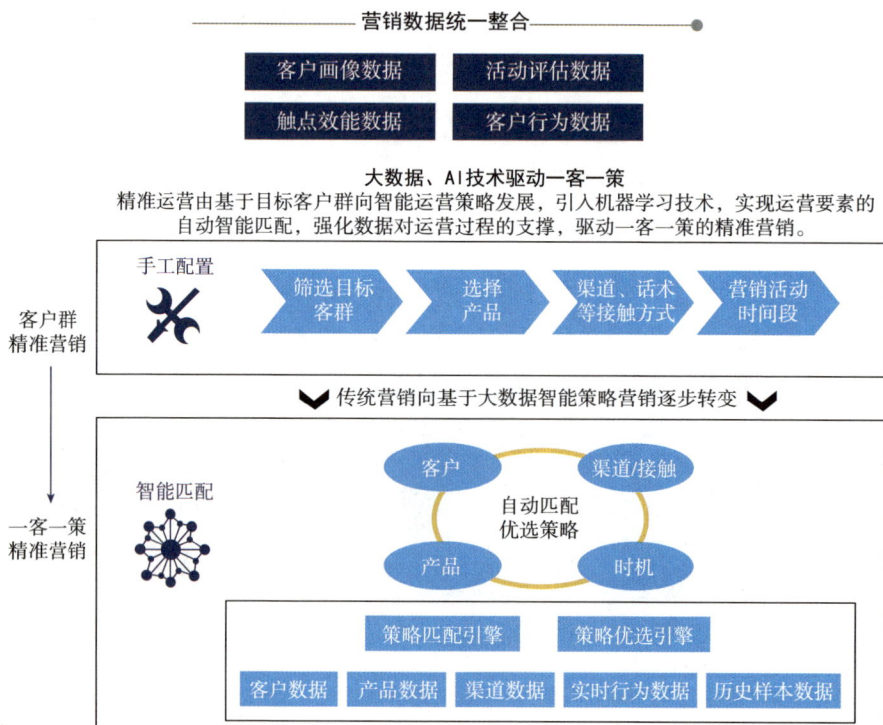

营销数据统一整合

- 客户画像数据
- 活动评估数据
- 触点效能数据
- 客户行为数据

大数据、AI技术驱动一客一策

精准运营由基于目标客户群向智能运营策略发展，引入机器学习技术，实现运营要素的自动智能匹配，强化数据对运营过程的支撑，驱动一客一策的精准营销。

客户群精准营销

手工配置：筛选目标客群 → 选择产品 → 渠道、话术等接触方式 → 营销活动时间段

传统营销向基于大数据智能策略营销逐步转变

一客一策精准营销

智能匹配

自动匹配优选策略：客户、渠道/接触、产品、时机

策略匹配引擎　　策略优选引擎

客户数据　产品数据　渠道数据　实时行为数据　历史样本数据

二、精细化销售团队管理破解零售银行数字化展业痛点

过程不透明，管理者难以全面掌握员工的工作状态，难以及时为销售人员提供各方面的支持，一直是销售管理者的痛点。尤其是在全民数字化的今天，大量的展业活动与信息留存于营销人员的个人微信，处于实际的无监管状态。让大量高价值的信息无法转化为银行的数据资产，加以合理应用，而不受监控的客户互动，也无疑使金融机构常常暴露在不可控的风险当中。

随着《资管新规》《理财新规》等系列法规的出台，金融机构的销售适当性、投资者保护义务要求提高，对于理财产品销售的规范性及其过程合规提出了更高的要求。

然而现实的状况是金融人才招聘难，流动性大，人才梯队难以批量化培养及素质参差不齐。要批量地满足现代金融，尤其是财富管理业务销售的要求，对于团队及团队管理者无疑都是巨大的挑战。

在这样的时代背景下，Beta 结合自身服务超 1000 家金融机构的实践经验，以企业微信为核心基座，推出了精细化销售管理的系列解决方案。

目标、过程和人是销售团队管理中最重要的三大要素。

（一）目标数字化管理、社交展业全旅程数据追踪

在服务零售银行的销管实践中，不同银行根据各自禀赋、规划，结合当下的经营重点订立销售目标。

（1）管理驾驶舱：精细化的过程报表与数据洞察，帮助管理者一目洞悉过程指标的达成状况及趋势，敏捷调优。

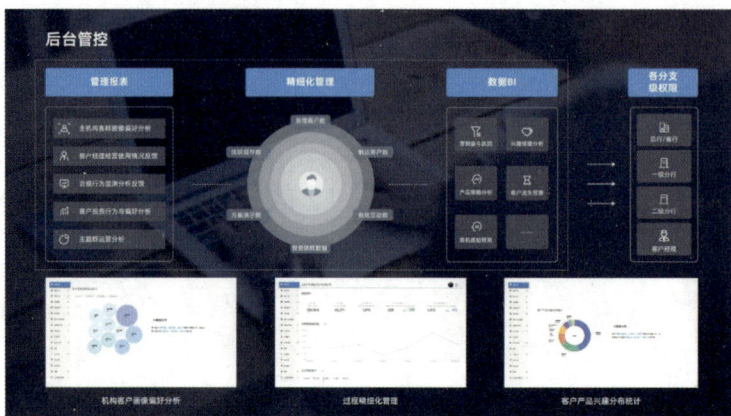

机构客户画像偏好分析　　　过程精细化管理　　　客户产品兴趣分布统计

（2）社交展业数据可追查：客户联系数据、沟通内容、沟通时间、互动效果。

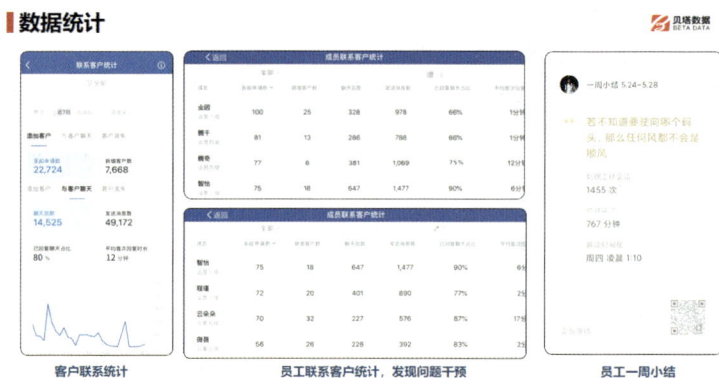

客户联系统计　　　员工联系客户统计，发现问题干预　　　员工一周小结

如何与现有销售管理机制/工具打好配合战：

1）移动展业，可基于开放 API 兼容打通 OA 及销售 CRM 数据，敏捷实现移动签到、工作日志管理等。

2）与晨夕会管理、月度销售例会无缝链接，为各种销管大会提供数据及洞察抓手。

（二）精细化过程管理，确保动作到位、合规可控

过程合理，结果才可期。销售行动全流程管理一直是精细化管理的应有之义。

（1）营销任务管理体系：让管理者知道营销人员干了啥，怎么干，效果如何。

管理驾驶舱待办任务模块

（2）会话实时合规存档，服务过程质量监督。

将风险防线前置，在营销过程中实现实时管控拦截，将风险阻拦于未发。

敏感词实时预警/禁止发送
支持新增、删除、修改敏感词、匹配规则以及处置措施（预警、禁止发送等）；

▌合规管理——消息溯源

当接收到敏感行为提醒时，我们可以通过聊天记录快速溯源敏感事件的真实情况，发现问题根源并有针对性地解决。企微云会话存档的功能，不仅支持追溯文字、图片、链接等消息，还实现了与客户的语音通话记录，快速全方位还原事件情况，帮助企业全面了解详情，及时制定解决方案。

消息传播链路示例

消息发送顺序

最终溯源结果： 1. 按最早消息发送时间
　　　　　　　　 2. 按消息发送关系链路

（三）人员赋能

围绕营销人员，通过数据分析、关键任务管理、商机提示、营销素材及话术赋能的方式，提醒服务于人。帮助营销人员实现更高质量的自我管理及提升。

1. 营销赋能

▌赋能一线营销人员——周计划

时间	8:00-10:00		12:00-14:00		17:00-19:00	21:00-23:00		随机
星期一	财经早报	一周要闻回顾	财经午报	育儿素材	收盘点评	资讯精编（1-2）	财经晚报	晚安海报	热点资讯	突发解读（若有）
星期二	财经早报	早安海报（节气）	财经午报	生活百科	收盘点评	资讯精编（1-2）	财经晚报	晚安海报	热点资讯	突发解读（若有）
星期三	财经早报	早安海报（节气）	财经午报	养生素材	收盘点评	资讯精编（1-2）	财经晚报	晚安海报	热点资讯	突发解读（若有）
星期四	财经早报	早安海报（节气）	财经午报	健康素材	收盘点评	资讯精编（1-2）	财经晚报	晚安海报	热点资讯	突发解读（若有）
星期五	财经早报	早安海报（节气）	财经午报	薪资理财	收盘点评	资讯精编（1-2）	财经晚报	晚安海报	热点资讯	突发解读（若有）

备注：
红色字体：每日必发
黑色字体：每日选发
绿色字体：金融投教类内容，建议作为必发内容。
资讯精编的内容方向会根据当下市场热点和银行业务重心进行推荐

2. 任务管理

待办任务处理：管理者任务下发 + 营销人员自建任务。

3. 展业全过程——商机识别、工具赋能

营销赋能——会话智能分析场景一：组合优化

营销赋能——会话智能分析场景二：政策变化，推荐产品

4. 专业知识学习、AI教练辅助能力提升

营销赋能——基金考试

基金从业考试

多次仿真模拟

错题反复练习

逢考"必过"

基金从业考试
帮助理财经理快速了解基金知识，获得基金销售资格

营销赋能——基金大赛

提升基金实操能力、财富团队综合实力提升

✓ 以赛代训，用比赛练就"基金销售精英"

✓ 智能便捷的建仓系统，全方位实时数据支持

✓ 量身定制的组合论断和调仓指导，随时进行操作辅导

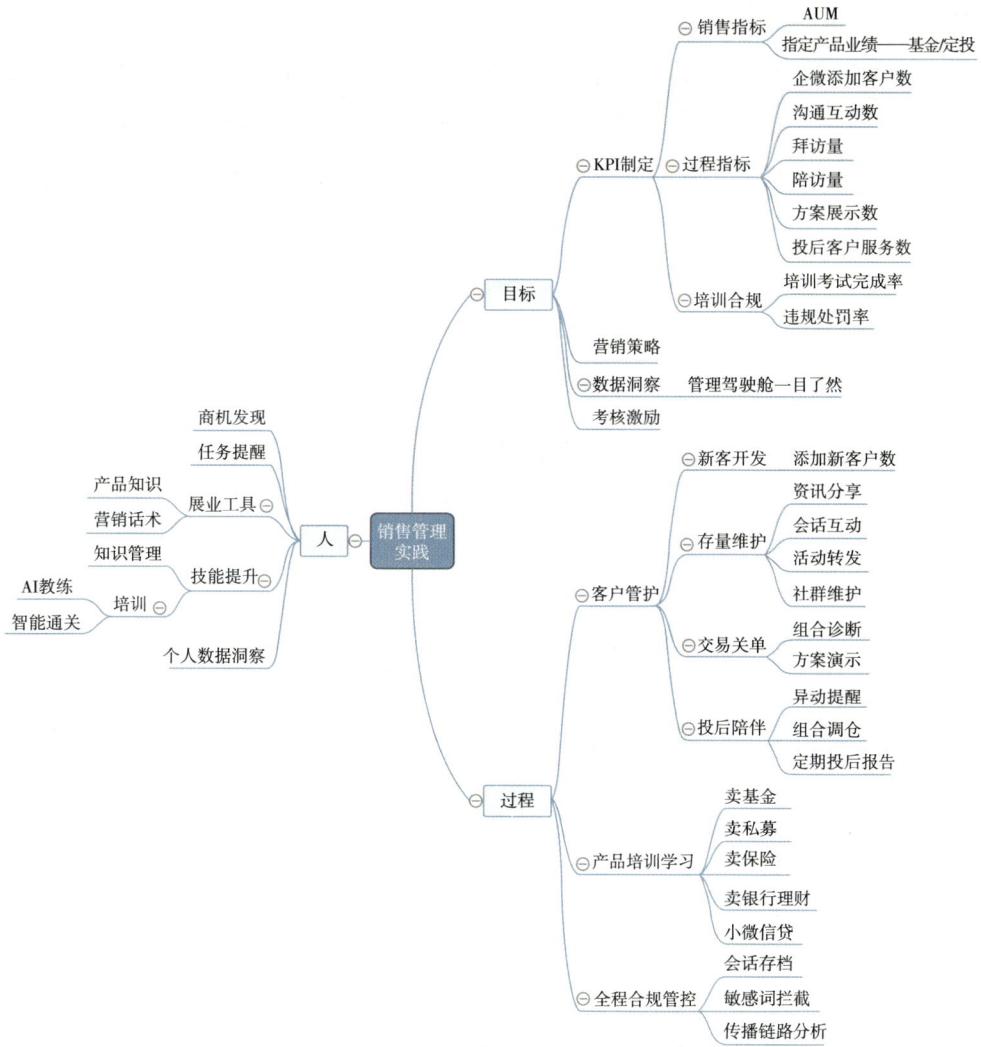

思维导图

```
                                                                    ┌─ AUM
                                                      ┌─ 销售指标 ─┤
                                                      │             └─ 指定产品业绩——基金/定投
                                                      │
                                                      │             ┌─ 企微添加客户数
                                                      │             ├─ 沟通互动数
                                                      │             ├─ 拜访量
                                         ┌─ KPI制定 ─┼─ 过程指标 ─┼─ 陪访量
                                         │            │             ├─ 方案展示数
                                         │            │             └─ 投后客户服务数
                                         │            │
                                         │            │             ┌─ 培训考试完成率
                                         │            └─ 培训合规 ─┤
                              ┌─ 目标 ───┤                          └─ 违规处罚率
                              │          │
                              │          ├─ 营销策略
                              │          ├─ 数据洞察 ── 管理驾驶舱一目了然
                              │          └─ 考核激励
                              │
                    ┌─ 人 ───┤
                    │        │          ┌─ 商机发现
                    │        │          ├─ 任务提醒
          产品知识  │        │  展业工具┤
          营销话术 ─┤        └─────────┼─ 技能提升
          知识管理  │                   │
                    │                   └─ 个人数据洞察
  AI教练           │
  智能通关 ─ 培训 ─┘
销售管理
实践 ──┤
                    │                                ┌─ 新客开发 ── 添加新客户数
                    │                                │
                    │                                │             ┌─ 资讯分享
                    │                                │             ├─ 会话互动
                    │                                ├─ 存量维护 ─┼─ 活动转发
                    │                   ┌─ 客户管护 ┤             └─ 社群维护
                    │                   │            │
                    │                   │            ├─ 交易关单 ─┬─ 组合诊断
                    │                   │            │            └─ 方案演示
                    │                   │            │
                    │                   │            │             ┌─ 异动提醒
                    │                   │            └─ 投后陪伴 ─┼─ 组合调仓
                    └─ 过程 ────────────┤                         └─ 定期投后报告
                                        │
                                        │                          ┌─ 卖基金
                                        │                          ├─ 卖私募
                                        ├─ 产品培训学习 ──────────┼─ 卖保险
                                        │                          ├─ 卖银行理财
                                        │                          └─ 小微信贷
                                        │
                                        │                          ┌─ 会话存档
                                        └─ 全程合规管控 ──────────┼─ 敏感词拦截
                                                                   └─ 传播链路分析
```

思维导图

三、数字化时代，数据驱动未来

数字化时代，数据不仅成为金融机构的资产，更是成为驱动业务发展的核心力量。

所谓的"数据驱动"是以金融机构各产品业务线海量数据的收集、存储、可视化、分析、挖掘作为核心支撑，全体业务线人员参与，以精准、细分和精细化为特点的运营战略。数据驱动下的业务发展具有可视化、可量化、可细化、可预测等特点。

数据驱动是一个完整的体系。其主要包括基础数据的采集、基础数据的智能识别与深度加工、数据的智能运用、数据的价值挖掘等环节。

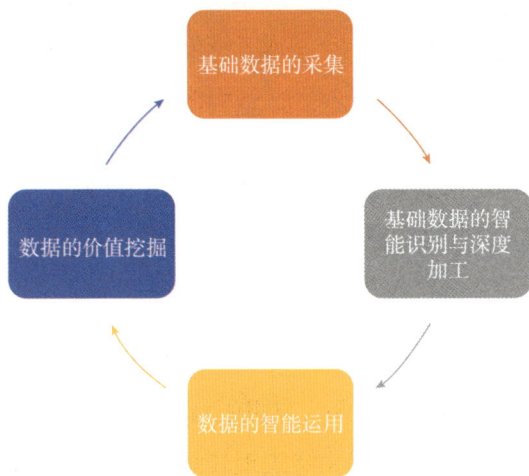

（一）金融数字化使用的基础数据

金融数字化业务主要使用五类基础数据，分别为客户行为数据、金融产品数据、财经资讯、理财常识、理财环境。

客户行为数据，不仅包括客户的基本信息、财务状况信息，还包括客户的理财产品交易信息、财经资讯阅读信息、客户的会话交流信息等。

金融产品数据，主要是金融产品的基本要素信息，特别是业绩表现、管理人信息、产品财务状况等信息。

财经资讯，主要包括两类信息。第一类是每日最新的财经新闻，第二类是产品介绍类资讯。

理财常识，主要包括理财领域里的概念、指标类知识、理财技巧类知识等。例如，如何做家庭保险规划。

理财环境，主要包括宏观政策变化、大类资产表现、投资信心等重要理财环境指标和宏观经济表现等一系列对理财有重要影响的指标。

（二）基础数据的智能识别与深度加工

基础数据直接使用难以达到理想的效果。例如，一篇财经新闻，如果没有经过加工，就无法了解它的主旨内容，自然也无法给予合适的应用。

基础数据需要经过专业的智能识别或者深度加工，才能生成可以用于中前台功能直接使用的衍生数据，如 Tag 标签、知识图谱等。

1. 对基础数据的智能识别

在基础数据中，主要识别三类理财信息：

第一类是识别客户行为里包含的理财需求。例如，客户最近对哪些资产类别感兴趣？如何刻画客户理财需求的强烈程度？

第二类是识别客户会话里包含的理财需求。例如，客户跟投顾说"这只基金适合牛市吗？"智能投顾需要理解到客户想了解的信息至少包含：客户认为未来一段时间可能是牛市，他想选一只牛市表现较强的基金，这只基金擅长的市场环境是什么？

第三类是识别财经新闻的主题。例如，一篇资讯经过识别才能知道，它讲的是大规模数量宽松政策之后各类资产的表现。

2. 对原始数据的深度加工

主要有四类信息需要深度加工：

第一类是客户行为数据的深度加工。主要是通过分析客户理财产品交易、理财资讯阅读等行为数据，感知客户理财需求偏好、交易偏好、客户性格等方面的信息。

第二类是金融产品数据的深度加工。使用金融产品的基本信息，特别是业绩表现数据，经过专业的运算，可以了解金融产品的更多特点。例如，这只基金的投资风格偏好、偏好的漂移程度、主题偏好、行业偏好、擅长什么市场环境等多维特点。

第三类是理财常识的深度加工。通过对理财常识主题的刻画，构建一个比较完善的知识图谱。帮助智能投顾了解一条理财常识信息适用于哪些客户，适用于哪些理财需求。

第四类是理财环境的深度加工。主要是通过事理图谱，分析一个重要的理财环境变化之后，可能对哪些理财变量产生重要影响。例如，央行加息之后，哪些资产受益？哪些资产受损？

（三）数据的智能应用

深度加工后的客户、金融产品、资讯画像数据可以为金融机构带来丰富的中台功能与前端应用场景。

1. 智能中台功能

（1）智能资讯分发。

为了满足客户的个性化阅读需求、提升他们的理财资讯阅读体验，金融机构需要理财资讯的智能分发功能。

具体又可以分为三类智能分发情景。

一是因人而异的智能资讯分发功能。

个性化资讯推荐就是将最契合客户阅读偏好的资讯优先推荐给这位客户，同时又需要考虑推荐资讯种类的丰富程度，避免推荐给客户的资讯过于集中于他最喜欢的同一类资讯。

二是因产品而异的智能资讯分发功能。

使用财经资讯与理财产品的 Tag 标签，可以将合适的财经资讯匹配到对应的理财产品。当客户关心一只理财产品时，就能及时阅读到可能对这只产品有影响的所有资讯。

三是因资讯而异的智能资讯分发功能。

在一篇资讯的后面，及时推荐这类同主题、同行、事理关联的资讯，一方面，可以帮助客户更深度地了解他所关心的话题内容。另一方面，激发客户阅读更多资讯，可以帮助理财顾问确认客户的理财偏好。

（2）智能问答。

智能问答功能主要分为两类：理财知识的查询、理财答疑与建议。

1）理财知识查询。

主要是满足客户对理财概念、理财指标、理财常识等理财基本知识的查询了解。通过销售垫板式的介绍，可以帮助客户清晰了解各类理财知识。同时，也可以帮助投顾从这类基本概念答疑服务里摆脱出来，集中精力做好高附加值的理财咨询服务。

2）理财答疑与建议。

理财答疑与建议，主要是指那些客户对政策变化、资产表现前景、组合调仓、产品评价、产品表现、产品适当性等方面的咨询。这类咨询需要投顾具有一定的专业度才能回答。

例如：

客户李总：小王，这次央行降息后，股市是不是能止跌反弹了？

（智能问答模块及时理解客户李总是想了解最新一次降息会对股票市场的影响，是否能上涨。智能问答模块，会查询到历史上与这次降息的宏观、资本市场最类似的一次或者几次降息，以及降息后的股市表现。及时动态地展示给投顾了解。）

投顾小王：李总，降息理论上对股市是正面的，但是从历史经验看，不是每次降息都能带来股市上涨。从历史上看，跟这次降息的环境类似的主要是这几次降息，从这几次降息后的股市表现看，股市大概率是能止跌回升，建议您在这个时点上增加股票基金的配置比例，分享股市回升的投资机会。

客户李总：有道理。看了你的介绍，心里踏实多了，我准备买点股票基金，有没有好的基金推荐？

投顾小王：从跟这次降息类似的几次降息的经验看，成长股表现更好，建议您主要增持偏好成长风格的股票基金，这几只股票基金是稳定的偏好成长风格的基金，值得您购买。

（3）智能推荐。

投顾服务客户时，产品推荐是客户需求最大的投顾服务内容。提升产品推荐的合理性与成功率是核心需求。

智能产品推荐模块主要满足三种主要场景里的产品推荐需求：

一是根据客户需求，推荐合适的产品。

二是根据产品特点，推荐合适的客户。

三是根据场景变化，推荐合适的产品给合适的客户。

1）客户需求变化导向的智能产品推荐功能。

客户在资产配置、产品风格偏好、产品流动性偏好、预期收益率等需求上有变化时，投顾需要及时向客户推荐最合适客户需求变化与合理组合结构的产品。

例如，客户需求偏好画像的变动趋势显示客户近期对股票资产的兴趣度明显上升，而且对金融行业的偏好明显提升。投顾就需要及时为客户推荐偏好金融行业的股票型基金。

2）产品特点导向的智能产品推荐功能。

当投顾有认可的理财产品想向客户推荐时，无论是因为投顾自己对产品非常认可还是所在机构的销售任务，投顾都需要了解最值得向哪些客户推荐这只产品？也就是需要一个由产品到客户的推荐产品模块。

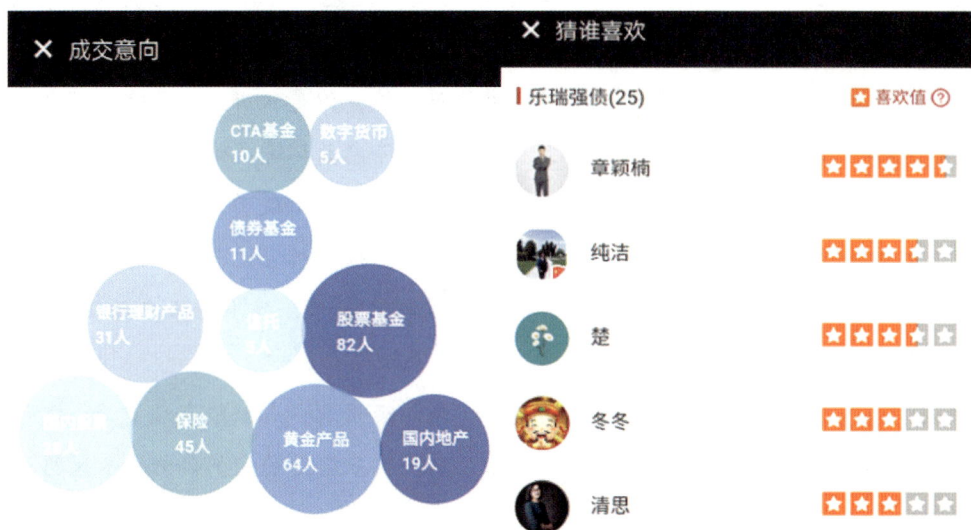

资料来源：Beta 理财师 APP。

3）理财场景导向的智能产品推荐模块。

理财环境的重要变化，如降息，意味着客户投资理财的资产配置策略需要及时调整。理财环境的重要变化可以拆分成众多的理财场景，每个理财场景里面均有合适的推荐产品与合适的客户。

2. 前端功能应用

在中台模块的支持下，前端就可以沿着获客、营销、理财答疑、资讯服务、异动提醒、组合管理等不同场景展开各种应用功能。

获客场景：支持投顾获客的功能应用主要包括客户浏览轨迹、客户人脉关系、客户理财偏好画像、推荐阅读等。

营销场景：支持投顾精准营销的功能应用主要包括对产品感兴趣的客户推荐、满足客户需求的产品推荐、客户成交意向、差异化 SCRM 话术与服务支持等。

理财答疑：支持投顾为客户解疑答惑的功能应用主要是智能问答。

资讯服务：支持投顾向客户推荐资讯的功能应用主要包括财经资讯的智能分发、推荐阅读、财经早报、专题资讯等。

异动提醒：支持投顾做好投后服务的功能应用主要包括异动提醒、产品点评、智能投顾建议等。

组合管理：支持投顾做好客户理财组合管理的功能应用主要包括组合诊断、调仓建议、组合自定义 DIY 等。

（四）数据价值挖掘

数据驱动业务不仅表现在数据推动业务功能方面，还表现在通过数据价值挖掘，可以更好地洞察趋势、了解客群、制定营销策略、提升客户服务能力。

1. 洞察客群变化趋势

通过对客户群总量特点的分析，可以更好地了解理财市场需求的最新变化趋势。

例如，最近一个季度，理财客户整体上更加偏好股票基金，而半年前大家整体上更加偏好稳健的偏债类基金。及时了解客群的理财资产偏好变化趋势，可以更加精准地推荐适合客户需求的产品，提升理财服务质量，也更容易赢得客户信任。

最近一个季度，理财客户整体上风险偏好明显提升，更加关注投资收益率的提升空间，而半年前大家整体上更加注重风险，对理财产品收益率的防御能力最为看重。

最近一个季度，理财客户最关心的话题主要集中在降息、市场涨跌等，而半年前大家对降税减费、房地产调控等话题更为看重。了解客户群话题的变化趋势，有助于理财师更好地营造一个开场话题环境，提升客户的沟通兴趣，也提升理财服务的成功率。

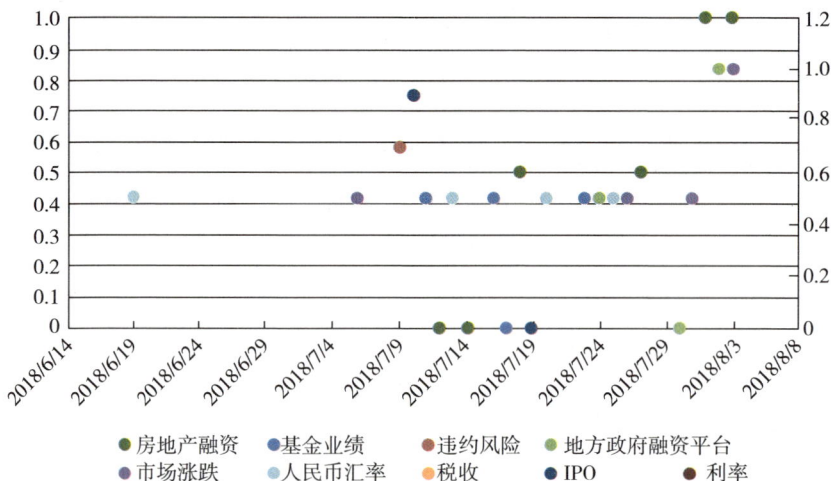

＊行客户群关注热点话题变化趋势

对客户群总量特点的刻画中，通过区分不同地区、不同分支机构、客群的不同年龄段等维度，可以更好地了解客群需求上的差异，帮助金融机构不同的分支机构，更精准地指定适合自己客群需求的产品策略、服务策略。

为了更好地了解客群需求特点变化，可以通过数据看板的方式及时展示客群最新变化动态，并且根据不同的管理权限来设置不同的展示内容。例如：

总行管理员，更关注全部客户数的变化、客户群整体需求的变化等。

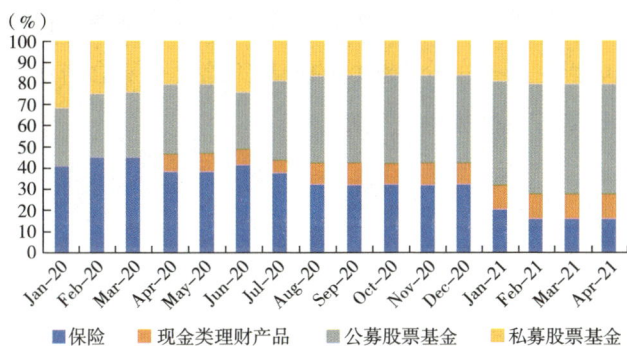

上海地区客户购买偏好结构变化

分行管理员，更关注客户跟理财师的互动效果变化、客户的成交情况等。

一线理财师，更关注客户对产品的兴趣度、客户营销机会提醒、客户流失风险等。

分层、分群、分地区、分年龄、分权限等多维度的客户特点刻画，可以更加精准及时地了解客户的需求，指定差异化的产品策略、营销活动策略。

2. 数据价值挖掘

通过比较不同客群、理财师的数据，可以更清晰地看出群体、个体上的差异，有助于提升理财服务质量。

通过分析一家银行的分支机构的产品销售结构与当地客户群理财需求偏好结构之间的差异，可以看出这家分支机构的产品策略是否契合当地客户群的最新变化趋势，需要对产品策略做哪些优化调整。

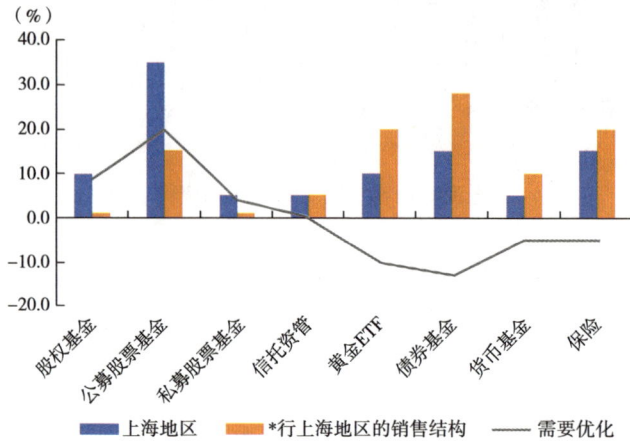

*行上海分行营销策略优化

通过分析不同地区的客户群整体理财偏好结构的差异，可以制定出最合适的产品营销策略。例如，上海地区宜加大股票基金营销力度，南京地区宜加大债券基金、保险的营销力度。

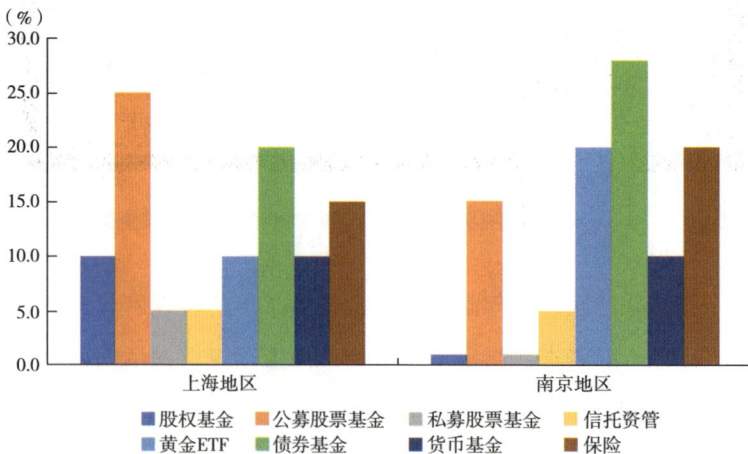

不同地区客群理财偏好差异

　　同样也可以通过分析理财师之间的差异，来帮助理财师提升服务能力。例如，选出一段时间里，成功帮助客户获得较好收益率的理财顾问。他们最近一段时间给客户的组合推荐建议是什么？面对市场的波动，他们给客户的调仓建议是什么？这些成功的榜样理财师的理财服务经验可以给其他理财师很好的借鉴。

　　这些成功的榜样理财师，是如何在市场波动中赢得客户的坚定信任？他们都在通过哪些高质量的内容实现有效的客户触达、互动？他们的客户服务内容同样对其他理财师有很好的帮助。

四、推动顾问服务数字化，基础是数据和标签

顾问服务数字化满足了客户便捷和体验提升的需求，也满足了金融机构提高效率降低成本的要求，但服务数字化更重要的是形成过程数据，最后通过建模可以进一步做数据智能分析，反哺前面的服务过程，使其更加精准化和个性化。在线只是效率的提升，数据智能分析才是顾问服务新时代的开始。

无场景不销售，无在线不数据，无数据不智能，无智能不商业。新的技术、新的需求、新的方式。理财顾问服务不再有线上和线下之分，只有服务是否数字化之分。

顾问服务数字化的三个步骤可以分为：累计数据；一切产品、内容皆数据化；投资顾问智能化。

第一步：在线化，累计数据：标签标记和场景数据化。

随着互联网的不断发展，信息和人都已基本实现在线化，人和人、人和信息之间的互动越来越丰富，最后交织成越来越紧密的网络，可以用更高效的方法——网络协同，去完成原本看起来难以实现的很多事情。

其实商业最重要的就是结网，未来互联网将给人类商业社会带来的颠覆性改变，就在于商业的大规模结网。当海量的人已经可以同时在线互动的时候，如何让他们通过在线协作的方式去完成某一件事情，这也就成为了一种新的商业模式。说到这里，或许很多人会联想到曾经在人类商业发展史上书写了浓重一笔的流水线。确实如此，流水线的管理方式成功地通过小规模人群协作的方式，让商业的生产效率得到了极大提升，这是工业革命的里程碑，而网络协同则是互联网时代的商业里程碑。

以招商银行为例，有一亿多客户，通过与这些客户聊天来获取他们到底在想什么，喜欢什么，明显不太现实。

但是，如果把客户在线的行为实时记录下来：他看了哪个商品，在哪个产品

页面停留了 10 秒钟，点击了哪个页面但是 1 秒钟都没停，他最终买了哪些产品……所有这些点击行为都会告诉我们客户行为背后的想法。可是这样的数据搜集，若不是消费者的行为在线，是不可能做到的。所以，互联网时代跟传统时代比较起来，一个是做完整的实时数据记录，另一个是要事后去搜集数据用于支持决策，两者是完全不一样的。

如果你的数据不是实时记录下来的，而是要花力气去搜集，你就不可能做智能化业务。

第二步：一切产品、内容皆数据化。

简单的"白领""企业主"等客群分类标签已经过时，而与金融产品营销相关的资讯、文章、短视频可能才是理财顾问最愿意发到朋友圈的投教素材。通过这些文章，理财顾问才能根据客户是否阅读或阅读时长，大致推测客户可能对哪方面感兴趣。

有的理财顾问想到，如果对这些文章进行归类、标记并统计分析，那么就可以对客户的需求偏好掌握得更加准确一些。因此，这也对 Beta 提出了添加相关标签的需求。比如一篇文章，至少可以添加标签基金经理、风格、跳槽等，这样在一定程度上比用是否阅读和阅读时长来判断更准确了一步。但实际应用于客户投资需求和偏好画像上还是非常初级和粗糙的。

如果这篇文章讲的是基金的负面报道怎么办？读得越多客户可能越反感，而且如果文章没有认真读完，也无法标记出来这篇文章讲的基金经理跳槽对业绩到底是正面还是负面影响；如果该金融机构每天有大量的文章被转发怎么办？一个一个人工标记完全不现实。实际上，Beta 通过机器完成的这篇文章的标签（一部分）大致是下图这样的。不仅仅标签维度非常丰富，而且主题的词频权重非常清晰，文章情绪表达一目了然。如此一来，文章在后续参与运算时，也会非常方便。

Beta 机器算法对一篇财经文章的标注已经远远超过了类别、主题等主要的几个标签，一篇文章就有几百甚至上千个标记，维度非常之详细，且为下一步智能运算做好了准备。

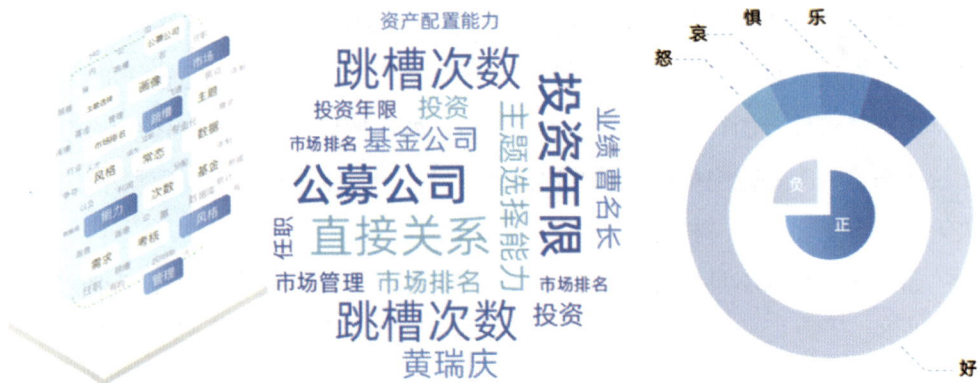

　　标签的标记，不仅要求多且能提炼主题，更重要的是维度要尽可能丰富，才可能更加准确地去描述一项事物。比如下方这个案例，如果只是手工简单几个标签，估计只能是"土豪""公务机"等。

　　我有一个朋友，他买了一架18座的直升机，有点小抱怨，说有点贵，比原来的那一架多出了4000万元。这应该是顶级富豪了吧？多出4000万元他只是觉得有点贵。但是这个朋友，他有一个习惯，就是他的车在停车场如果停了29分钟，他会不顾一切地冲到停车场，把车开出去，因为超过1分钟，他就要交1个小时的停车费。

　　但实际上人是多面性的，有钱不一定不节俭，节俭不一定代表抠门。那么对于一个客户的标签和分类，如果还只是按照"白领""全职妈妈""企业主"等这样的分类，已经属于非常粗糙了，如下图所表现的，一个人在不同的场合，不同的情景下会表现出不同的特征，有不同的特性和标签。这些标签，均有助于判断客户需求。

　　第三步：投资顾问智能化。

　　基于大数据搭建金融模型并不断优化，根据用户的收益和风险偏好提供个性化资产配置方案的过程简称为投顾智能化。

　　过去类似资产配置服务都是高净值人群的专属，而投顾智能化的趋势就是把门槛降低，并且将原本由人工提供的投资顾问服务自动化、产品化。凭借其强大的基金投资金融数据和智能计算，将原来针对高净值用户的投资顾问转变为低成本、低门槛、更智能的自动账户诊断，为金融创新实践提供了一个全新样本。

在投资管理方面，"投顾智能化"能够加强对用户自身的智能分析，根据用户需要给出匹配的投资组合。Beta 平台随时监控该投资组合的动态，并定期对计划进行更新，以便理财师帮助客户合理控制风险，使之始终落在用户的容忍范围之内，智能评测和智能配置大大提升了财富顾问的工作效能，无疑是零售银行数字转型中最重要的部分。

推动顾问服务数字化，基础是数据和标签。

人工智能的发展如火如荼，而 NLP（自然语言处理）又是其中的执牛耳者。比尔·盖茨公开表达"自然语言理解是人工智能皇冠上的明珠"。

但是，无论我们听到的 AI 技术有多酷炫，都无法掩盖其认知水平还不如 5 岁小孩的事实。

运算智能：即记忆和计算的能力方面已远超人类。

感知智能：电脑感知环境的能力，包括听觉、视觉和触觉等，相当于人类的耳朵、眼睛和手。

认知智能：包括自然语言理解（NLP）、知识和推理，还有待深入研究。

创造智能：尚无多少研究。

人工智能大致分为以上几类，运算和感知智能已经远超人类，但在认知智能和创造智能上，计算机和人类还相差太远，即便是今天大量的运算均依赖计算机的认知智能。所以现阶段，让 AI 提升认知世界能力的最有效途径仍然是监督学习。就像教小孩子一样，仍然需要人工通过打标签的方式，将数据处理成 AI 能够理解的特征。这些特征将指向一个结果，进而通过模型训练让 AI 可以将特征与结果对应，从而完成对某一类事物的认知。以自动驾驶为例，标注员们在图像上框选出汽车、行人等物体轮廓，这些轮廓标签反馈到 AI 训练模型后，无人汽车才能具备分辨周围物体的能力。

在顾问服务数字化过程中，涉及大量的财经富文本拆解和计算，即自然语言处理的技术。当计算机不能完全达到要求时，则需要大量人工介入干涉标记。

然而让 AI 达到人类的认知水平，至少需要几十亿甚至几百亿样本的喂养。这些样本只能通过人工一点点地拉框、标点、标签、标记来获得。

今日头条在全国一共有 5 万多员工，其中在济南、天津、武汉的数据标注员就占到了 4 万人。

支付宝在疫情防控期间，培训并上岗了 10 万名人工智能训练师。他们的工作是为数据打标，以便让人工智能更聪明。

你没看错，智能的背后，是大量的人工。

Beta 在金融领域的标签标注和智能运算，为了提高 AI 准确度，同样需要大量的人工标注。一个小的细分领域可能就是几万到几十万篇的训练，如某投资主题的文章，如养老社区与养老保险，如"星期六"什么场景下是日期，什么场景下是上市公司名称等。

在财经早报中，简单编辑 12 条财经新闻是不可能每天带来上百万阅读量的，但这 12 条新闻的背后，存在的是大量的人工和智能算法。

人工智能，在一定程度上是没有人工就没有智能。

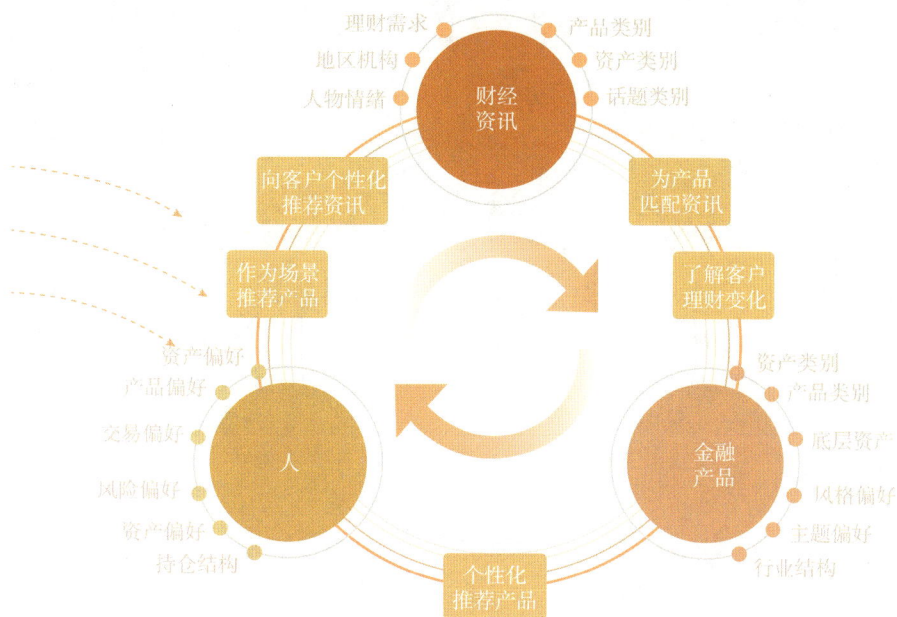

互联网时代信息的多元化加速了人群割裂，而伴随着普惠金融概念的提出，金融服务越来越多地走进普通人的生活；潜在的金融服务对象的深度或广度都在逐步增加，如何做好多元化客户的经营将成为每个金融机构必修课。

第七章 企业微信：数字化营销与服务的基座

一、客户经理为什么要用企业微信

面对越来越高的业绩目标、线下网点客流量枯竭，岌岌可危的达成率让许多线下网点走入了进退两难的境地。美国贝恩公司的调查显示，在商业社会中5%的客户留存增长意味着机构利润30%的增长，把产品卖给老客户的概率是卖给新客户的三倍。因此，留住已有客户胜过拓展新的客户。

（一）企业微信如何在获客上发挥效能

线下和客户见面第一件事是通过企业微信和客户建立联系，将客户留在企业微信上保持对客户的持续触达。

企业微信和个人微信有一个很大的区别，就是企业品牌的展示。企业微信自带一个品牌的小尾巴，当用户初次添加你时，企微自带的品牌名可以帮助你与用户快速建立信任，即使以后用户忘记了你，品牌名还可以帮助他了解你是提供什么服务的。然后是名片内容，企业微信可以自定义名片内容，比如企业简称、名字、手机、邮箱、地址、职务等都可以自定义，而个人微信是不支持自定义的。

企业微信互通能力在金融机构解决方案一览表

客户阶段		企业微信	个人微信	传统线下
触达（获客）	触达率	高	高	低（电话接通率、网店到达率越来越低）
	触达形式	多且高频：早午晚报、短视频、游戏等	多且高频：早午晚报、短视频、游戏等	少且低频
	官方身份认证	有，专业可靠	无，不专业	无
	内容展示	对外统一，朋友圈掌控，群发管控	参差不齐，随意发送，无人管理	无
	客户池	离职继承，形成金融机构的"客户池"	每个销售有自己的"客户池"，但没有机构的客户池离职后流失	离职后流失
互动（经营）	沟通方式	一对多：批量互动沟通，批发式做零售客户	一对一：线上沟通，但素材、频率、行为不统一	一对一：依赖单个销售点对点
	经营质量	集中管理，分层营销，行为统一，多层筛选，螺旋式循环经营		依赖单个销售点对点
	内部系统连通	打通CRM等内部系统	无	无
转化		强大的线上沟通功能，统一转化，统一同屏商务演示，组合调仓等多种工具	线上、面对面沟通、电话	面对面沟通、电话
交易		微银行、手机银行、云工作室	微银行、手机银行、云工作室	柜台、手机银行
核心总结		批量经营，形成机构的"客户池"	散乱经营，因销售水平差异不齐	正在衰落

第一次接触：当客户进入网点时，大堂经理询问客户办理业务类型，为客户进行业务办理指引。企业微信精美的名片样式也支持直接下载，打印后摆放在大堂的桌面上，引导客户加企业微信。在这个过程中可通过客户办理的业务类型来判断客户是否有购买其他产品的意愿和潜力。

同时，企业微信也支持带参数，手机号搜索带参数、客户验证链接手动绑定带参数。从客户加上企业微信第一刻起，就已经将客户与机构内部的 crm 系统打通绑定了。

第二次接触：在等候区等待办理业务的客户，大堂经理结合相关产品，进行一对一或者一对多的大堂微沙龙等相关动作，进一步激发并发掘客户潜力。在第二次接触中可以将客户相关标签记录，并通过企业微信聊天做好人工标注。比如，代发客群、新增客户、信用卡用户等。

第三次接触：客户在柜台办理业务时，由柜员进行产品推荐，但柜员的营销和客户经理的专职营销不同。通过和客户的简单交流，挖掘客户的需求，并结合客户的情况推荐适合的产品，引导客户购买产品，做到快速推荐。

如果客户有兴趣就推荐给理财经理进行详细介绍，在后续的线上营销问答中，做好知识理念铺垫以及营销闭环。

由于零售业务涉及的产品以及服务投教体系繁复，那么企业微信侧边栏恰好补足了这个需求。例如，在聊天侧边栏的快捷回复中按照初次见面欢迎话术、持续营销话术、理财科普话术、在线转介绍话术四个方面整理。

企业微信——聊天侧边栏

聊天侧边栏——营销话术：

为什么基金定投策略会优于一次购买？
信用卡申请有哪些渠道？
资产配置的含义是什么？

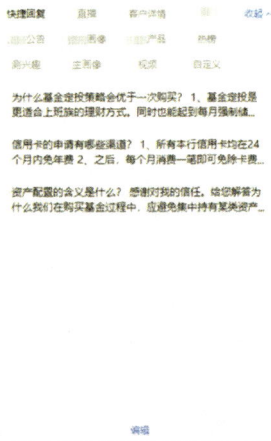

贴合线上展业的各类内容，不仅满足企业微信在客户经营中一对一的服务，同时也能很好地支持客户群体服务、线上微沙龙等群发重要场景。

管理者在营销管理工作中可能会遭遇到这样的困扰：一位颇具能力的客户经理不知何故，突然离职投奔了另一家机构，且带走了团队中若干精英。如此，不但让公司销售工作受影响，之前的客户也纷纷追随而去。

为了避免销售人员离职后"连锅端走"所面临的窘境，企业微信也支持离职继承客户、客户资源共享等功能。银行和保险业均看中了企业微信的底层能力，员工通过企业微信把客户加为好友后，员工离职也带不走客户，会有下一位员工来接替他继续代表企业为客户提供服务，这样企业最重要的资产"客户资料"，就可以完整地保存下来。

（二）企业微信会话存档对于金融机构的意义何在

会话存档功能为腾讯企业微信团队推出的一项增值服务，腾讯为使用企业微信 SaaS 服务的客户提供了完整的接口能力，企业客户获得了该接口后可以把企业员工和客户的会话内容存储在本地，经过私钥解密后在本地的可视化工具上呈现，并且经过第三方的数据挖掘和分析后，可起到合规监管、员工廉洁管理、防止恶意投诉、司法举证等作用。

当企业想知道员工和客户之间的聊天内容，用它；

当企业想知道员工的聊天话术专不专业，服务态度是否端正，用它；

当企业想知道员工有没有聊些对公司不利、违反公司规定的事情，还是用它！

替代原来的双录。某些银行办理业务时会发现大堂醒目地张贴着"请加客服经理的企业微信""私人微信不代表银行行为"等类似标语，银行理财经理和客户的会话内容都能被很好地存档，更加规范了员工的行为。

监督其业务流程的合规。银行机构也是如此，之前有的理财经理在银行大堂明目张胆地推销不属于银行销售范畴内的非标理财产品，是很典型的夹带私货，产品爆雷后客户四处投诉无门，只能采取拉横幅等极端手段。如今有了更好的监管工具，这一现象也将被杜绝。

通过企业微信的底层能力，银行可以自研开发应用或者使用第三方应用，为客户提供完整的解决方案，金融机构通过企业微信强大的接口能力可以一键购买使用这些第三方服务，使客户数据得以完好地保存。

相关监管文件提出较多的合规性审查要求，金融企业需要通过信息技术手段实现交易业务全程留痕。例如，证监会发布《公开募集证券投资基金销售机构监督管理办法》（以下简称《销售办法》）及配套规则，自2020年10月1日起施行。《销售办法》及配套规则修订主要涉及强化基金销售活动的持牌准入要求等内容，共计十二大要点，包括强调不得"饥饿营销"、杜绝"诱导频繁申赎"、"尾随佣金"设置上限、首提基金销售机构续展安排等。

其实，一直以来金融机构对于客户开立账户、开立投资风险较大的功能权限时均需要做双录。所谓双录就是在客户账户生效前一刻对客户作录音录像，告知其风险、机构不得代客理财以及机构的免责声明等内容。双录的实施在一定程度上警示了投资风险，但展业过程和服务过程多是微信聊天，并没有得到存档和分析。企业微信可以帮助企业实现内外部消息存档，做到消息永久留痕，自查内部风险。

综合而言，有了会话存档不仅可以随时查看聊天记录，还可以做到敏感词违规提醒、客户群消息提醒。企业会话存档功能是机构保护投资者合法权、精细化过程监督的重要环节。坚持问题和风险导向，坚守资金和交易安全、销售行为合规性底线要求才能严格落实销售合规、达成稳健经营目标。

（三）客户经理企业微信经营操作方案

（1）整体框架：客户经理主动用好企业微信的基本公式为"内容赋能＋规范动作＋及时反馈"。

（2）内容赋能：线上互动，内容是抓手。然而内容的生产门槛较高，需要总分后台为客户经理全部准备好，客户经理（简单调整后）一键发送即可，且内容与营销任务的针对性相对比较强。

（3）规范动作：帮客户经理总结好每天必发的内容和动作，并做好前期的培训。

（4）及时反馈：每次内容发送带来的客户行为或营销结果，及时将数据反馈给客户经理。数据及时反馈是激励客户经理主动使用的最好方式。

（5）其他辅助方式：

线上或线下的操作培训；

每日/每周/每月获客通报；

优秀客户经理心得分享；

优秀客户营销案例分享。

（6）内容赋能（总行/分行）：

1）内容"四相关"基本原则：与客户相关、与主推产品相关、与地域相关、与市场热点相关。

2）主要工具：侧边栏（点对点）、朋友圈（一对多）、智能群发（批量点对点）。

3）主要内容类别列举。

①每日：早报或海报、每日打卡。主推：基金或保险相关产品相关资讯（软文），每日更新。

②定期策略：资产配置月报、基金投资周报/月报、季度投资策略。

③AI推荐：机器自动推荐客户感兴趣的内容或策略报告，机器自动生成当前客户阅读或客户经理转发热点。

④市场热点：市场热点、市场突发解读。

⑤其他：宏观、银行、保险、地产等相关行业内容、其他相关投教文章。

⑥新客户欢迎语/快捷回复统一设置。

⑦客户基础标签统一在后台设置好。

二、始于企微，不止于企微：Beta基于企业微信的功能进化

企业微信已成为金融机构的内外部专属连接器，大大提升企业效率，将客户经理、系统、客户"三位一体"连接起来，助力机构的数字化转型。在过去一年中，企业微信在客户联系、客户群管理、客户资源继承等多个模块持续发布了各项重大升级，全面支持客户群运营架构。

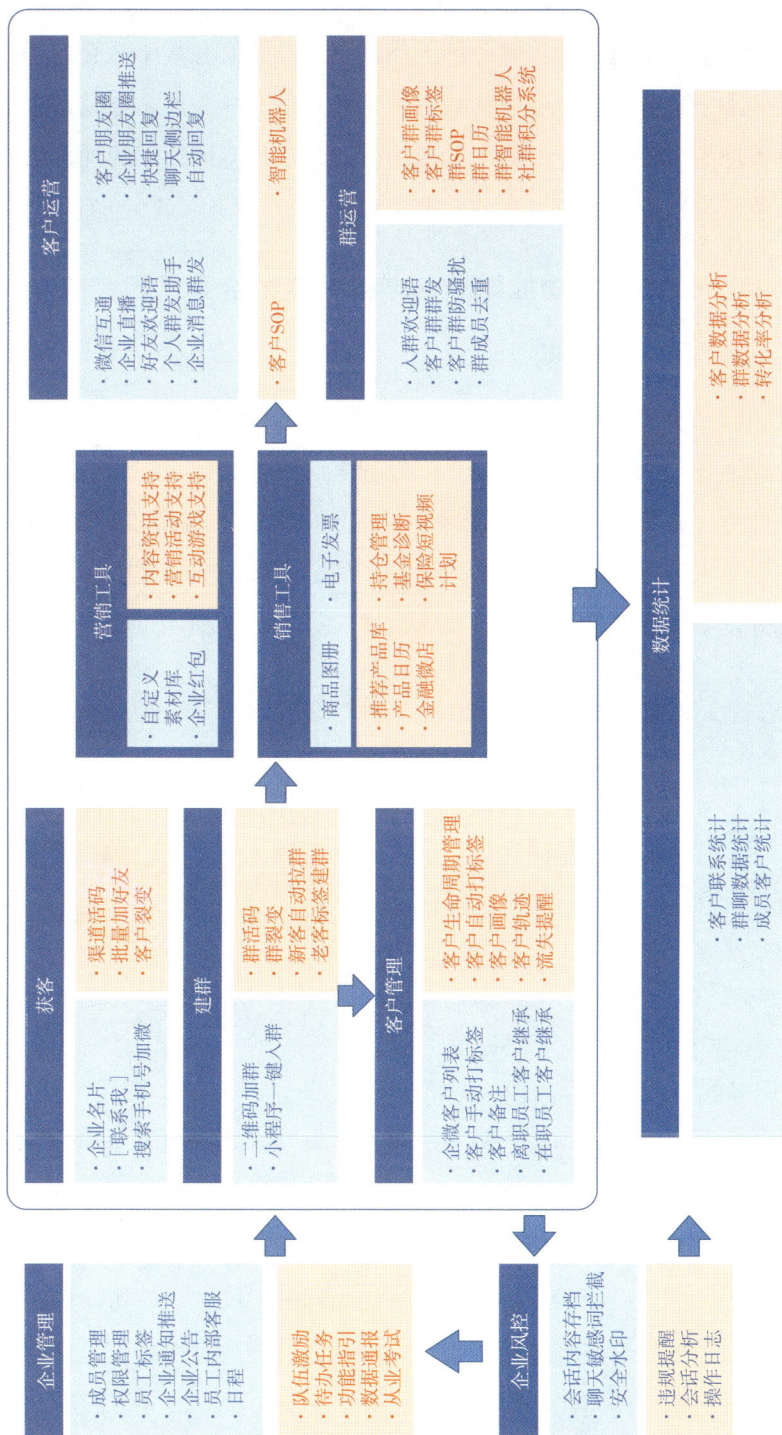

客户运营
- 微信互通
- 企业直播
- 好友欢迎语
- 个人群发助手
- 企业消息群发
- 客户朋友圈
- 企业朋友圈推送
- 快捷回复
- 聊天侧边栏
- 自动回复
- 客户SOP
- 智能机器人

群运营
- 人群欢迎语
- 客户群群发
- 客户群防骚扰
- 群成员去重
- 客户群画像
- 客户群标签
- 群SOP
- 群日历
- 群智能机器人
- 社群积分系统

营销工具
- 自定义素材库
- 企业红包
- 内容资讯支持
- 营销活动支持
- 互动游戏支持

销售工具
- 商品图册
- 电子发票
- 推荐产品库
- 产品日历
- 金融微店
- 持仓管理
- 基金诊断
- 保险短视频计划

获客
- 企业名片[联系我]
- 搜索手机号加微
- 渠道活码
- 批量加好友
- 客户裂变

建群
- 二维码加群
- 小程序一键入群
- 群活码
- 群客裂变
- 新客自动拉群
- 老客标签建群

客户管理
- 企微客户列表
- 客户手动打标签
- 客户备注
- 离职员工客户继承
- 在职员工客户继承
- 客户生命周期管理
- 客户自动打标签
- 客户画像
- 客户轨迹
- 流失提醒

数据统计
- 客户联系统计
- 群聊数据统计
- 成员客户统计
- 客户数据分析
- 群数据分析
- 转化率分析

企业管理
- 成员管理
- 权限管理
- 员工标签
- 企业通知推送
- 企业公告
- 员工内部客服
- 日程
- 队伍激励
- 待办任务
- 功能指引
- 数据通报
- 从业考试

企业风控
- 会话内容存档
- 聊天敏感词拦截
- 安全水印
- 违规提醒
- 会话分析
- 操作日志

注：蓝色为企微原生；红色为 Beta 的本升级功能。

企业微信是当下数字化营销与服务的天然基座，然而仅有基座≠有房子，企微加上了客户≠数字化转型。金融机构的数字化尤其是这样，须充分满足金融展业流程、经营管理的需要，企业微信才能成为机构数字化弯道超车的加速器，而不是又一项耗费人力财力的面子工程或政绩工程。

（一）Beta 升级的进阶功能赋予私域经营全新价值

1. 批量添加客户

企业内部通常已有自己的客户经营矩阵，然而要将客户资源迁移至企业微信，使客户经理加客户微信好友需要由客户经理手动逐个进行，占用客户经理时间、添加效率低下，容易产生遗漏错误等问题，Beta 提供的批量添加客户功能，支持管理员一键导入客户名单、分配跟进客户经理，无须客户经理操作，自动向客户发起添加好友申请，帮助企业提升获客效率。

客户ID本地安全打通 　　　　　　　　　　　　　　　离职继承/客户共管

本地开发本地部署、安全快捷

2. 客户阶段管理

当客户数量较多时，如果我们不对客户进行价值分层、规划生命周期，那么很容易导致客户经理面对一大堆的客户资料却无从下手，不知如何经营。通过 Beta 的客户阶段管理模块，可设定客户阶段规则，根据客户不同的行为或指标信息自动将客户分为不同的经营阶段，以便客户经理识别。同时，在每个阶段中可以设置经营规则，通知客户经理该阶段下可以对客户进行的营销内容，使客户经理的日常客户经营目标清晰可见。

3. 客户定向拉群

为了提高客户转化的效率，企业往往会将相同特质的客户集中拉群经营，但单凭客户经理逐个拉群效果不佳，也无法检视群经营覆盖客户的情况。Beta 提供了两种不同的拉群方式以满足不同经营场景：当企业开展线上营销、直播、网点活动等进行拉新时，在拉新的同时将相同渠道的客户集中经营，加好友完成后立即向客户发送入群邀请，客户扫码入群；当企业需要通过集中运营活动提高老客户的活跃度，促进其转化意愿时，企业可以通过特定的标签等客户画像信息，筛选出客户名单，下发任务请客户经理给客户发送入群邀请，客户同样扫码入群。

4. 客户 SOP

在客户阶段管理模块中，企业已经可以设置一些统一的客户经营规则，然而想要针对更多筛选维度的客户去制定更多样化的营销方式、提醒客户经理做不同内容的营销，需要通过客户 SOP 来完成。在筛选客户时，可以选择客户标签、客户阶段、客户资产信息、客户个人信息等不同角度。设置 SOP 行为类型时，可选发送资讯内容、设置客户标签、提醒客户经理待办等。设置规则生效时间时，可选添加时间、进入某阶段时间、客户生日等特殊日期、某个固定时间周期等。

5. 客户群 SOP

在建立不同运营内容的客户群后，企业也可以使用 Beta 客户群 SOP 的功能，针对每个群不同的目标和运营方式，设置群的运营内容，引导群主或群内的运营人员开展经营工作。企业管理人员根据群标签、群名称、群创建时间筛选群，设置群内需要推送的内容及推送时间，群主可在群侧边栏一键发送到群里，也可以通过工作台应用将相同的资讯内容分发到多个对应的群内。客户群 SOP 帮助企业管理人员统一管控群运营内容，检视运营效果；帮助群主及群运营人员有目的、有计划地完成群运营周期内的营销。

6. 产品日历

企业在研发新产品后，需要经过一系列培训等指导客户经理了解产品动态。通过产品日历，产品将根据上线时间一一罗列展示，客户经理可以自行查阅待售产品、了解产品信息、分享产品内容，提前给客户做好营销预热，降低企业产品推广及培训成本。

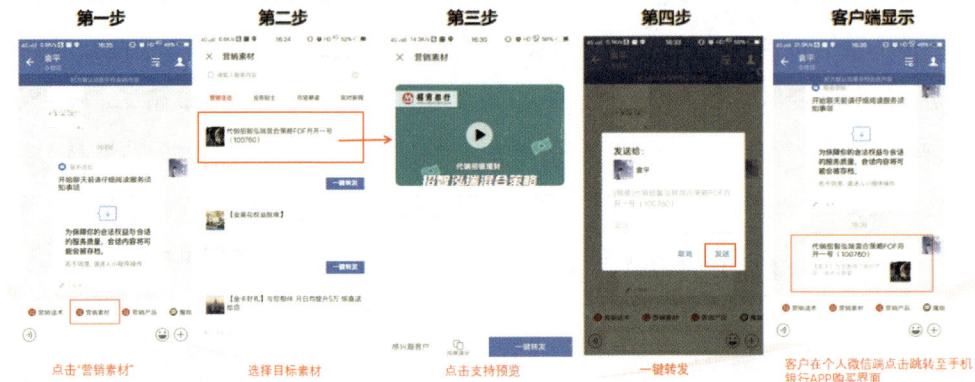

（二）Beta 自研功能 vs. 企微原生功能

除了上述进阶解决方案外，Beta 在企微原生功能的基础上，针对不同的经营痛点，提供了丰富的平台功能，以便企业平稳踏上私域流量运营之途。根据触达获客、互动活客、销售转化、服务陪伴这几个场景拆分，我们可以对比查看：

经营流程	痛点	企微功能	Beta功能
客户经营 / 触达获客	新客资源有限拓客难	小程序一键入群　二维码加群	营销线索　客户裂变　群裂变　群活码　新客自动拉群
	破冰手段稀缺		财经早报　精选资讯库
	远程客户缺乏信任	企业名片	智能名片
	潜客	搜索手机号加微信　微信互通	批量加好友
团队管理 / 触达获客	客户线索混乱难以区分	［联系我］	渠道活码
	新客难以统一引导	好友欢迎语	分时段欢迎语
	获客效果缺少数据支撑		获客分析
客户经营 / 互动活客	客户口味及偏好难捕捉		客户画像　客户偏好分析　客户动态追踪
	缺乏营销工具	自定义素材库　企业红包　企业直播　客户朋友圈　企业朋友圈推送　聊天侧边栏	营销活动　互动游戏　专业解读　信息精选　地域资讯　同屏演示　投教知识库　保险内容
	缺少按客户特点分类经营经验	客户标签　企业外部群　入群欢迎语	客户生命周期　客户SOP　客户自动标签　老客标签建群　群画像　群标签　群SOP　群日历
	群内人员互动不积极		社群积分系统　群智能机器人
团队管理 / 互动活客	企业需定向推广活动资讯	企业消息群发　个人群发助手　客户群群发	待办任务
	缺少互动数据检视	客户联系统计　客户群聊数据统计	营销效果分析　客户联系分析　群数据分析　数据通报
	客户群人员混乱难以管理	客户群防骚扰　群成员去重	
	团队对外聊天违规管控需求	会话存档　聊天敏感词拦截	违规提醒　会话分析　操作日志
	企业及客户信息泄露	会话安全水印	
	员工缺少激励		排行榜　内部积分权益
客户经营 / 成交转化	客户销售话术落后　不贴和场景		智能话术库
	缺少线上销售工具	商品图册　电子发票	金融商店　短视频计划书　推荐产品库　产品日历　定投计算器　基金诊断　持仓诊断　销售机会提醒　产品策略建议　基金经理研究
	市场变化快缺少分析指引		基金比较　保险对比
团队管理 / 成交转化	员工销售能力参差不齐	员工内部客服	从业考试　云课堂　财富书籍　基金比赛
	缺少销售业绩检视		转化分析
客户经营 / 服务陪伴	员工对产品及客户异动感知不足		持仓管理　异动提醒　客户流失提醒
	缺少培养长期忠实客户工具		宏观解读　投资风向标　行业趋势洞察　资产配置研究　行业研究报告
团队管理 / 服务陪伴	客户资源盘点整合深耕挖掘	客户继承	客户评分
	团队通知不及时	企业通知推送　企业公告	

综上，金融数字化工具，首先要满足金融的属性及特点。Beta 的企业微信解决方案，始于企业微信；与其他的同类服务商相比，Beta 在企微的原生基础上进行了大量的迭代及升级，结合金融的特点及需求丰富升级了大量的内容及功能。远不止于企业微信，是市场上绝无仅有的"金融 + 数字化"的解决方案，它的出现才使企业微信终成私域利器，且成为金融机构在数字化环境中真正连接经营客户，进行营销展业及投后服务的有力武器。

三、企业微信一对一运营策略

一对一聊天场景中精准是核心。

日常客情维系中和客户聊什么？答案没有标准，但把握核心是为客户带来收获感和价值感，同时内容的载体是灵活多样丰富多彩的。从客情维护的时间成本上来考量，精准的批量发送是增效降本的好选择。

（一）企微一对一运营策略的四大原则

（1）线上互动，内容是抓手。专业投教内容的生产门槛较高，需要总分后台为客户经理全部准备好，客户经理（简单调整后）一键发送即可，且内容与营销任务的针对性相对比较强。

（2）动作规范是业务推动的核心。帮客户经理总结好每天必发的内容和动作，并做好前期的培训。计划是行动的前提，执行才是行动的真谛。

（3）行为正反馈循环离不开数据回检。每次内容发送带来的客户行为或营销结果，及时将数据反馈给客户经理。数据及时反馈是激励客户经理主动使用的最好方式。Beta 在后台中增加了客户经理数据看板，赋能营销人员及时发现新的营销机会，获客周报会以一周一次的频率将数据报表自动发送给客户经理。同时，各项业务数据帮助管理人员及时了解业务全局，为迭代经营策略提供决策依据。未来数据模块将覆盖：客户阅读情况/游戏互动/活动参与/周报订阅。

（4）排行打榜功能。支持实时可以查看自己的阅读/获客等在分行和总行的排名。

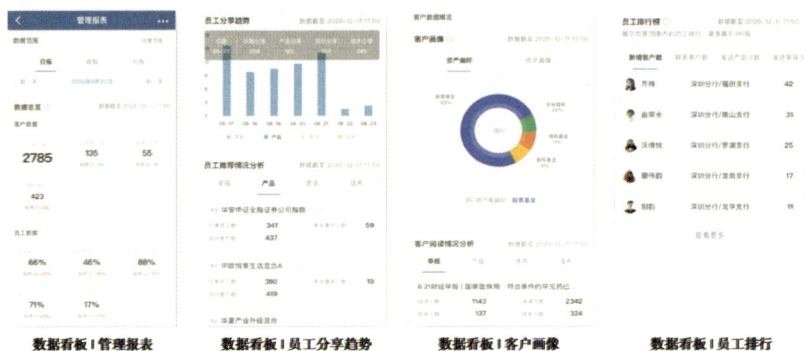

数据看板 | 管理报表　　数据看板 | 员工分享趋势　　数据看板 | 客户画像　　数据看板 | 员工排行

（二）Beta 一对一运营策略的四大优势

（1）原创投教配合 AI 推荐。原创的投教素材不仅涵盖市场热点追踪，投研团队深度的突发解读、资讯陪伴、投教短视频等投资信息，同时还包括本地生活服务信息、祝福/投教海报等非金融场景素材。通过 AI 推荐将"人"与"场"做了有效的匹配。

（2）互动方式更立体。同屏商务演示、企微直播、理财类游戏、节假日运营活动。

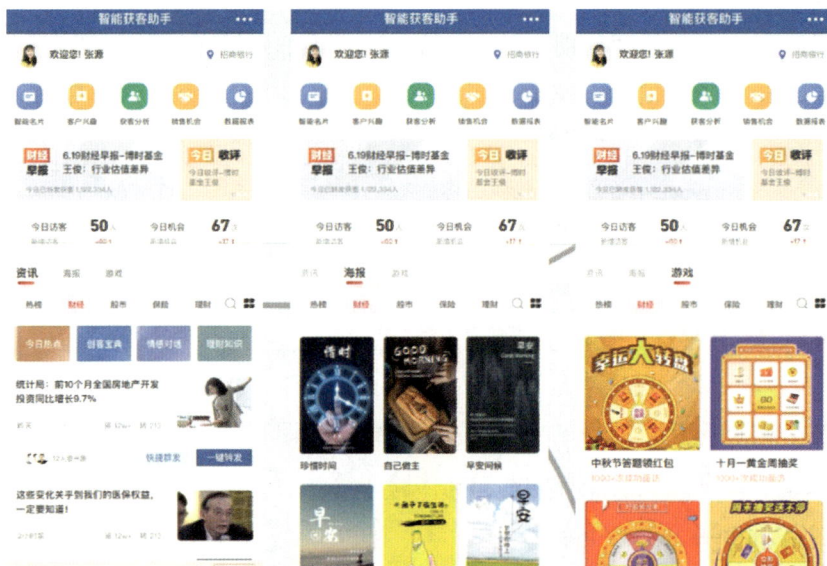

（3）专业服务自动化。投后系统将营销人员从繁重复杂的投后服务中解脱出来。例如：基金投后、保险续费、贷款缴费等。以基金投后系统为例，亏损解套分析、决策提醒、资金计划等自动化功能提升了服务效率。

（4）精准推送锁定。一对一聊天场景中精准是核心，判断一篇文章哪些人喜欢，批量一键发送。侧边栏上任何客户可能感兴趣的内容，产品广告建议根据客户近期兴趣，使用侧边栏，一对一发送，针对性更强。

（三）一对一运营策略的高频场景

添加新客户场景：当日新增客户及时完成认证和基础标签标记。便于后期通过搜索、筛选快速定位目标客群。除了总行/分行统一的欢迎语，还应有一次自己和客户的个性化互动。同时，系统会对对产品感兴趣的潜在新增客户、主动留言的客户进行提醒。

朋友圈经营场景：每天一条朋友圈经营的素材有哪些？当天早报/突发解读/特色活动/普遍性比较高的主推产品软文或海报。当前企业微信支持分享一条朋友圈，每天一条批量点对点群发普遍性内容，建议这样安排，周一到周四：给选择"每天接收"的客户批量发送。周五：给选择"每天/每周接收"的客户批量发送理财周报（允许客户退订）。对针对性内容选择客户标签推送。

机构统一上新的重要活动、内容支持提醒员工群发，降低了内容层层传递的损耗。

企微后台设置：消息提醒

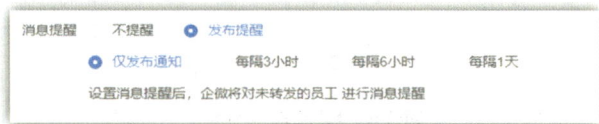

消息提醒	不提醒	⦿ 发布提醒		
	⦿ 仅发布通知	每隔3小时	每隔6小时	每隔1天
	设置消息提醒后，企微将对未转发的员工进行消息提醒			

日常及时回应客户：每半小时检查企业微信，回答客户留言。对客户需求做出快速反应，有助于提升服务的感知和体验。

欢迎咨询 Beta 工作人员：

（四）辅助营销策略

（1）项目启动线上操作培训，聚焦功能点考试练习，每有一个新的功能点，均需要一次培训和一次考试练习。

（2）项目初期以分行为单位线下的技能培训与辅导，线下培训可以涵盖除功能外的部分技能，如线上获客裂变、社群经营等。

（3）日常数据播报复盘，以分行为单位每日/每周/每月获客通报。

（4）定期进行优秀客户经理心得分享，优秀客户营销案例分享，分享频次建议不低于一个月一次。

（5）奖励/打榜正负项激励，针对分行每月或每季度给予一定实物激励。

四、企业微信侧边栏运营策略

近年来，金融市场行情火爆，众多金融机构在持续增员。然而面对入职员工，如何快速缩短培训周期，及时上岗促单，成为了很多金融机构急需解决的问题。

面对这个问题，企业微信上线"聊天侧边栏"功能，可以很好地帮助金融营销人员赋能。企业管理员可在管理后台"客户联系—配置—聊天侧边栏管理"中，将自建应用的页面配置到聊天侧边栏中。

金融机构的营销人员在外部会话中，可通过侧边栏查看营销话术、营销素材、营销产品，查看当前客户资料、选择快捷回复并发送等，"聊天侧边栏"同时支持 PC 端和移动端。

（一）万能聊天侧边栏，一键发送营销话术

金融机构管理员，可将营销话术、营销素材配置到营销人员的聊天工具栏中，方便金融营销人员在与客户聊天中查看和使用（一对一聊天和群聊都可以配置），进行快捷回复，提高服务效率。当然，金融营销人员也可以自己选择，将需要用到的话术配置到聊天工具栏，方便后续使用。

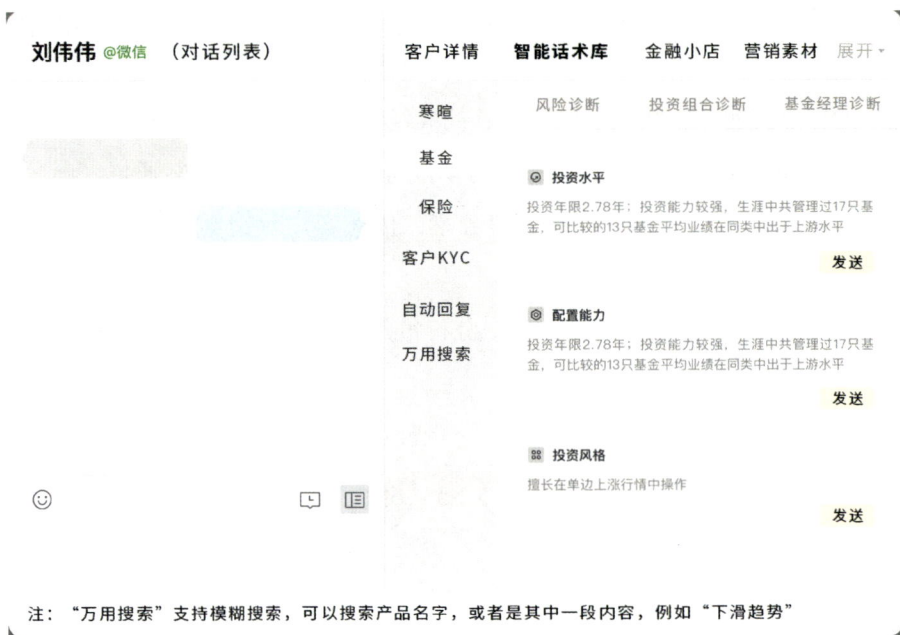

注："万用搜索"支持模糊搜索，可以搜索产品名字，或者是其中一段内容，例如"下滑趋势"

（二）营销内容赋能，提升客户互动效率

线上互动，内容是抓手。内容的生产门槛较高，Beta 理财师 APP 为金融机构提供智能财经早报等营销素材库，金融机构的企业管理员可以在后台为营销人员准备好相应的营销内容，简单调整后一键发送即可，内容与营销任务的针对性相对比较强。

同时，遵循内容营销的"四相关"基本原则。与客户相关、与主推产品相关、与地域相关、与市场热点相关等，为客户提供相应的内容服务，做好客户投

教，并提升与客户之间的互动效率。

追踪访客轨迹，获取营销线索。在侧边栏的数据看板上，可及时发现新的营销机会：排行打榜，每天实时查看自己的阅读/获客等在金融机构的排名；客户阅读情况/游戏有无互动/活动有无参与/周报有无订阅；对产品感兴趣的潜在新增客户提醒；主动留言的客户提醒；获客周报（一周一次数据报表自动发送给客户经理）；重要内容上新。

每次内容发送都会带来的客户行为或营销结果，及时将数据反馈给金融机构营销人员。访客轨迹的及时反馈，反向激励金融机构营销人员去主动使用侧边栏运营客户。

（三）生成客户画像，精准投放产品

客户对于不同内容及产品的阅读反馈，都会在侧边栏生成客户画像。销售人员可根据不同客户的资讯偏好，发送相应的资讯服务内容。

提供一段时间资讯服务后，根据客户的画像与产品做相应的拟合，推荐给客户相应的产品，提升成单率。

企业微信侧边栏的运营，既能解决金融机构企业增员培训难、管理难的问题，同时还能为金融机构营销人员赋能，帮助其快速定位高净值客户，进行精准营销，提效增质。

（侧边栏宣传视频）

五、企业微信社群运营方案

随着金融行业数字化改革的深入，同业竞争也变得愈发激烈。在品类丰富的金融产品市场上，客户的选择渠道也在逐渐多元化，那么如何提升客户对于金融机构的信任感，增加客户的复购黏性，就成了金融机构急需解决的难题。

众所周知，社群运营具备着低成本、高转化等优点，但实际上社群的最大优势在于"价值延伸"。普通的客户关系，往往只存在于交易过程中，一旦交易全部完成，关系链就会大幅弱化，甚至直接断链。但是社群则可以做到和客户保持长久的关系，在这期间的社群运营可以为客户提供持续的金融服务，并且不断挖掘客户价值。

企业微信是建立客户服务社群的优质载体，它具备五大客户服务功能：

（1）合规安全：个人号社群工具受打压，基于企业微信安全合规。

（2）企业认证：用企业微信能直接加客户微信，与客户建立强联系，还能向客户展示职业头像、实名认证和企业名称，对外形象更专业，快速赢取客户信任。

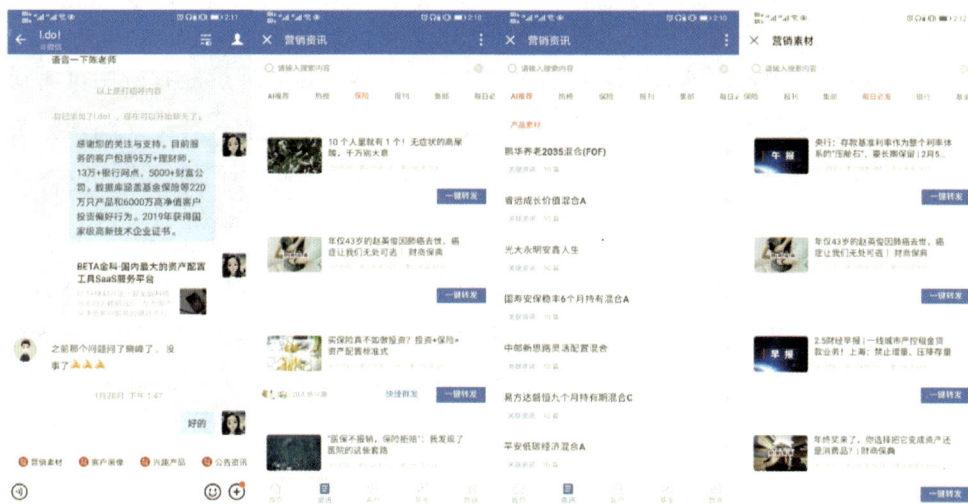

（3）群成员数量：用企业微信，企业验证后可添加5万个顾客，到达上限后还能申请扩容。已经有企业用企业微信添加和服务了上千万的顾客。

（4）客户继承：在企业微信，客户是属于企业的资产，服务不中断，客户不流失——员工离职后带不走客户，企业能安排其他在职员工继续提供服务，群也可以转移。

（5）工具丰富：丰富的社群运营工具，包括快捷回复、产品图册、直播、客户标签、聊天侧边栏、欢迎语、群发等。

社群运营工具，帮助金融机构在社群管理方面赋能：企业微信群可邀请官方机器人小助理，当有用户进入社群，小助理会自动@用户，并发送提前设定好的欢迎语，而欢迎语的内容可以设置为文本、链接、图片、小程序的形式。

当用户有问题时，也可在社群内@小助理发送问题关键词，智能小助理会自动答疑解惑，节省人力成本。同时，企业微信还支持群成员去重、自动踢人、防广告、防骚扰，可将恶意用户移出群聊，且永久禁止入群，形成群内规范。

新增的客户数、聊天总数、发送消息数、已回聊天占比、平均首次回复时长、删除/拉黑的客户数等，管理员在PC端后台可以看到全部企微个人号的数据明细，并且可以导出，包括每个企业微信的群总数、有过消息的群聊数、群成员总数、发过消息的群成员数等，都可以查看到。通过以上数据，企业可以快速地判断客户和社群的新增、活跃和流失情况。

万能聊天侧边栏，助力金融营销人员服务社群客户。管理员配置应用页面到聊天工具栏，方便成员在与客户的聊天中查看和使用，提高服务效率。当然，营销人员也可以自己选择，将需要用到的应用页面配置到聊天工具栏，且仅自己可见。

聊天侧边栏可以配置的页面包括但不限于"营销素材库""营销话术库""客户画像""商城页面""优惠券页面""H5 活动页面"等内容，帮助金融机构更好地维护社群，让金融营销人员更快获取客户信息。

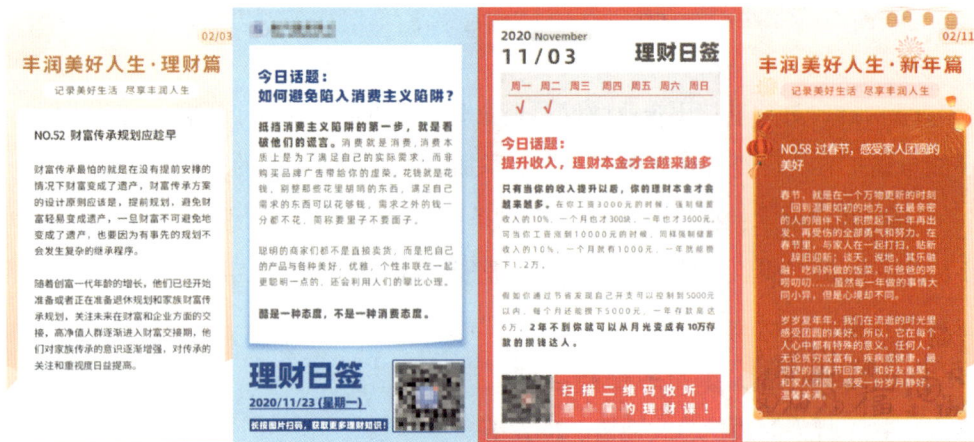

多维度的客群素材，深度链接客户底层资讯需求。根据不同的客户群场景，Beta 理财师可为金融机构提供企业微信群运营素材，如老年人群、女性社群等，满足不同客户群的内容资讯需求，助力金融机构维护社群，做好投资者教育，缩短销售周期。

丰富的服务功能，提升客户与金融机构之间的互动频率。企业微信设有客户群群发助手的功能，群发的消息同样可以设置成文字＋图片/网页/小程序。金融机构的社群管理人员，可在企业微信客户端随时随地发起直播，并把直播链接分享给客户群，引导客户观看。

通过企业微信的客户社群服务，金融机构能更快速准确地捕捉到有需求的客户，再通过营销漏斗的方式，筛选出高价值高意向的客户，持续追踪跟进，提升产品的成交率和复购率。

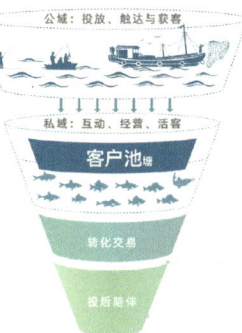
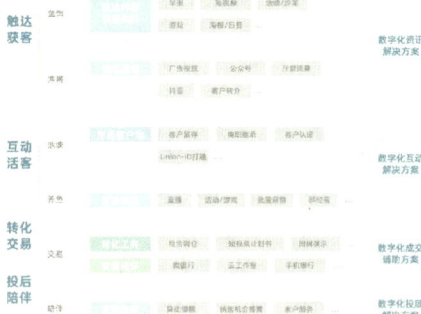

综合运用：企业微信客户群运营方案。

事件节点	活动类型	活动内容	发布频次
吸引入群	金融服务	专属理财：入群即可得	入群一周内
吸引入群	知识服务	合作机构高性价比课程引入（例如斑马英语）	入群一周内
吸引入群	生活福利	全家福照片、美妆券、超市券	每周发布
群活跃	签到/打卡/积分	每日早资讯阅读，阅读完做打卡签到获得积分	每日发布
群活跃	签到/打卡/积分	每周资讯阅读	每周发布
群活跃	产品发行	客群专属：文案＋图	每周发布
群活跃	节日运营	根据节日发放节日福利	不定期发布
群活跃	生日运营	每月 1 日发布 APP 端生日抽奖活动	每月发布
群活跃	直播	投教类，客群专属服务类、市场解读	每月发布
群活跃	发起话题类	建立客群话题库	每月不少于 1 次，根据群活跃度发起